Contos e apólogos

FRANCISCO CÂNDIDO XAVIER

Contos e apólogos

Pelo Espírito
Irmão X

FEB

Copyright © 1958 *by*
FEDERAÇÃO ESPÍRITA BRASILEIRA – FEB

14ª edição – Impressão pequenas tiragens – 3/2025

ISBN 978-85-7328-806-3

Todos os direitos reservados. Nenhuma parte desta publicação pode ser reproduzida, armazenada ou transmitida, total ou parcialmente, por quaisquer métodos ou processos, sem autorização do detentor do *copyright*.

FEDERAÇÃO ESPÍRITA BRASILEIRA – FEB
SGAN 603 – Conjunto F – Avenida L2 Norte
70830-106 – Brasília (DF) – Brasil
www.febeditora.com.br
editorial@febnet.org.br
+55 61 2101 6161

Pedidos de livros à FEB
Comercial
Tel.: (61) 2101 6161 – comercial@febnet.org.br

Adquirindo esta obra, você está colaborando com as ações de assistência e promoção social da FEB e com o Movimento Espírita na divulgação do Evangelho de Jesus à luz do Espiritismo.

Dados Internacionais de Catalogação na Publicação (CIP)
(Federação Espírita Brasileira – Biblioteca de Obras Raras)

I69c	Irmão X (Espírito)
	Contos e apólogos / pelo Espírito Irmão X; [psicografado por] Francisco Cândido Xavier. – 14. ed. – Impressão pequenas tiragens – Brasília: FEB, 2025.
	184 p.; 21 cm – (Coleção Humberto de Campos / Irmão X)
	ISBN 978-85-7328-806-3
	Inclui índice geral
	1. Espiritismo. 2. Obras psicografadas. I. Xavier, Francisco Cândido, 1910–2002. II. Federação Espírita Brasileira. III. Título. IV. Coleção.
	CDD 133.93
	CDU 133.7
	CDE 80.01.00

Sumário

Oferenda 7
1 – A capa de santo 9
2 – O candidato intelectual 13
3 – Justiça de cima 17
4 – O faroleiro desprevenido 21
5 – "Eu" contra "eu" 25
6 – O bendito aguilhão 27
7 – A ficha 31
8 – O remédio objetivo 35
9 – O caçador providencial 39
10 – Parábola simples 43
11 – Seara de ódio 47
12 – O exame da caridade 51
13 – Louvores recusados 57
14 – A lição do discernimento 61
15 – O enigma da obsessão 65

16 – O companheiro dos anjos 69
17 – O homem que não se irritava 73
18 – No caminho do amor.........................77
19 – A divina visão..................................81
20 – Ideias 85
21 – O encontro divino 89
22 – A conduta cristã 93
23 – Dívida e resgate................................97
24 – O aviso oportuno 101
25 – As rosas do infinito...........................105
26 – A última tentação.............................109
27 – Dar e deixar 113
28 – O conferencista atribulado 117
29 – No reino das borboletas 121
30 – O escriba enganado 125
31 – Judiciosa ponderação........................129
32 – A consulta.....................................133
33 – A estrada de luz...............................137
34 – A escolha do Senhor.........................141
35 – Questão de justiça............................145
36 – Deus seja louvado 151
37 – Lenda simbólica..............................155
38 – A esmola da compaixão.....................159
39 – Infortúnio materno 163
40 – Nos domínios da sombra....................167
Índice geral 173

Oferenda

Meu amigo:
À maneira dos velhos peregrinos que jornadeiam sem repouso, busco-te os ouvidos pelas portas do coração.
Senta-te aqui por um momento.
Somos poucos junto à árvore seivosa da amizade perfeita.
Muitos passaram traçando-te o caminho...
Visitaram-te muitos outros, compelindo-te a dobrar os joelhos perante o Céu...
Não te imponho um figurino para atitudes exteriores.
Ofereço-te o lume da experiência.
Não te aponto normas para a contemplação das estrelas.
Rogo vejas no firmamento a presença divina da divina Bondade.
Trago-te apenas as histórias simples e humildes que ouvi de outros viajores.
Recebe-as, elas são nossas.
Guardam o sorriso dos que ensinam no templo do amor e as lágrimas dos que aprendem na escola do sofrimento.
Assemelham-se a flores pobres entretecidas de júbilo e pranto, dor e bênção, que deponho em tua alma para a viagem do mundo.

Acolhe-as com tolerância e benevolência! Dir-te-ão todas elas que, além da morte, floresce a vida, tanto quanto da noite ressurge o esplendor solar, e que, se há flagelação e desespero, ante o infortúnio dos homens, fulgem, sempre puras e renovadas, a esperança e a alegria ante a glória de Deus.

IRMÃO X
Pedro Leopoldo (MG), 30 de outubro de 1957.

~ 1 ~
A capa de santo

Certo discípulo, extremamente aplicado ao infinito bem, depois de largo tempo ao lado do divino Mestre, recebeu a incumbência de servi-lo entre os homens na Terra.

Desceu da esfera superior em que se demorava e nasceu entre as criaturas para ser um carpinteiro.

Operário digno e leal, muita vez experimentou conflitos amargurosos, mas, fervoroso, apegava-se à proteção dos santos e terminou a primeira missão admiravelmente.

Tornou ao Céu, jubiloso, e recebeu encargos de marinheiro.

Regressou à carne e trabalhou, assíduo, em viagens inúmeras, espalhando benefícios em nome do Senhor. Momentos houve em que a tempestade o defrontou, ameaçadora, mas o aprendiz, nas lides do mar, recorria aos heróis bem-aventurados e entesourou forças para vencer.

Rematou o serviço de maneira louvável e voltou à Casa celeste, de onde retornou ao mundo para ser copista.

Exercitou-se, então, pacientemente, nos trabalhos de escrita, gravando luminosos ensinamentos dos sábios; e, quando a aflição ou o enigma lhe visitavam a alma, lembrava-se dos benfeitores consagrados e nunca permaneceu sem o alívio esperado.

Novamente restituído ao domicílio do Alto, sempre louvado pela conduta irrepreensível, desceu aos círculos de luta comum para ser lavrador.

Serviu com inexprimível abnegação à gleba em que renascera e, se as dores lhe buscavam o coração ou o lar, suplicava os bons ofícios dos advogados dos pecadores e jamais ficou desamparado.

Depois de precioso descanso, ressurgiu no campo humano para exercitar-se no domínio das ciências e das artes.

Foi aluno de Filosofia e encontrou numerosas tentações contra a fé espontânea que lhe sustentava a alma simples e estudiosa; todavia, em todos os percalços do caminho, implorava a cooperação dos grandes instrutores da perfeição, que haviam conquistado a láurea da santidade, nas mais diversas nações, e atravessou, ileso, as provas difíceis.

Logo após, foi médico e surpreendeu padecimentos que nunca imaginara. Afligiu-se milhares de vezes ante as agruras de muitos destinos lamentáveis; refugiou-se na paciência, pediu o socorro dos protetores da Humanidade e, com o patrocínio deles, venceu, mais uma vez.

Tamanha devoção adquiriu que não sabia mais trabalhar sem recurso imediato ao concurso dos Espíritos glorificados na própria sublimação.

Para ele, semelhantes benfeitores seriam campeões da graça, privilegiados do Pai supremo ou súditos favorecidos do Trono eterno. E, por isso, prosseguiu trabalhando, agarrando-se-lhes à colaboração.

Foi alfaiate, escultor, poeta, músico, escritor, professor, administrador, condutor, legislador e sempre se retirou da Terra com distinção.

Vitorioso em tantos encargos foi chamado pelo Mestre, que lhe falou, conciso:

— Tens vencido em todas as provas que te confiei e, agora, podes escolher a própria tarefa.

O discípulo, embriagado de ventura, considerou sem detença:

— Senhor, tantas graças tenho recebido dos benfeitores divinos, que, doravante, desejaria ser um deles, junto da Humanidade...

— Pretenderias, porventura, ser um santo? — indagou o celeste Instrutor, sorrindo.

— Sim... — confirmou o aprendiz, extasiado.

O Senhor, em tom grave, considerou:

— O fruto que alimenta deve estar suficientemente amadurecido... Até hoje, na forma de operário, de artista, de administrador e orientador, tens estado a meu serviço, junto dos homens, mas, na capa de santo, permanecerás a serviço dos homens, junto de mim. Há muita diferença...

Mas o interlocutor insistiu, humilde, e o Mestre não lhe negou a concessão.

Renasceu, desse modo, muito esperançoso e, aos 20 anos de corpo físico, recebeu do Alto o manto resplandecente da santidade.

Manifestaram-se nele dons sublimes.

Adivinhava, curava, esclarecia, consolava.

A inteligência, a intuição e a ternura nele eram diferentes e fascinantes.

E o povo, reconhecendo-lhe a condição, buscou-lhe, em massa, as bênçãos e diretrizes. Bons e maus, justos e injustos, ignorantes e instruídos, jovens e velhos exigiram-lhe, sem consideração por suas necessidades naturais, a saúde, o tempo, a paz e a vida.

Na categoria de santo, não podia subtrair-se à luta, nem desesperar e, por mais que fosse rodeado de manjares e flores, por parte dos devotos e beneficiários reconhecidos, não podia comer, nem dormir, nem pensar, nem se lavar. Devia dar, sem reclamação, as próprias forças, à maneira da vela, mantendo a chama por duas pontas.

Não valiam escusas, lágrimas, cansaço e serviço feito.

O povo exigia sempre.

Depois de dois anos de amargosa batalha espiritual, atormentado e desgostoso, dirigiu-se em preces ao Senhor e alegou que a capa de santo era por demais espinhosa e pesava excessivamente.

Reparando-lhe o pranto sincero, o Mestre ouviu-o, compadecido, e explicou:

— Olvidaste que, até agora, agiste no comando. Na posição de carpinteiro, modelavas a madeira; lavrador, determinavas o solo; médico, ordenavas aos enfermos; filósofo, arregimentavas ideias; músico, tangias o instrumento; escultor, cinzelavas a pedra; escritor, dispunhas sobre as letras; professor, instruías os menos sábios que tu mesmo; administrador e legislador, interferias nos destinos alheios. Sempre te emprestei autoridade e recurso para os trabalhos de determinação... Para envergares a capa de santo, porém, é necessário aprender a servir... A fim de alcançares esse glorioso fim, serás, de ora em diante, modelado, brunido, aprimorado e educado pela vida.

E enquanto o Mestre sorria, complacente e bondoso, o discípulo em pranto, mas reconfortado, esperava novas ordenações para ingressar no precioso curso de obediência.

~ 2 ~
O candidato intelectual

Conta-se que Jesus, depois de infrutíferos entendimentos com doutores da Lei, em Jerusalém, acerca dos serviços da Boa Nova, foi procurado por um candidato ao novo Reino, que se caracterizava pela profunda capacidade intelectual.

Recebeu-o o Mestre, cordialmente e, em seguida às interpelações do futuro aprendiz, passou a explicar os objetivos do empreendimento. O Evangelho seria a luz das nações e consolidar-se-ia à custa da renúncia e do devotamento dos discípulos. Ensinaria aos homens a retribuição do mal com o bem, o perdão infinito com a infinita esperança. A Paternidade celeste resplandeceria para todos. Judeus e gentios converter-se-iam em irmãos, filhos do mesmo Pai.

O candidato inteligente, fixando no Senhor os olhos arguciosos, indagou:

— A que escola filosófica obedeceremos?

— Às escolas do Céu — respondeu, complacente, o divino Amigo.

E outras perguntas choveram, improvisadas.

— Quem nos presidirá à organização?

— Nosso Pai celestial.

— Em que bases aceitaremos a dominação política dos romanos?

— Nas do respeito e do auxílio mútuos.

— Na hipótese de sermos perseguidos pelo Sinédrio, em nossas atividades, como proceder?

— Desculparemos a ignorância, quantas vezes for preciso.

— Qual o direito que competirá aos adeptos da Revelação Nova?

— O direito de servir sem exigências.

O rapaz arregalou os olhos aflitos e prosseguiu indagando:

— Em que consistirá, desse modo, o salário do discípulo?

— Na alegria de praticar a bondade.

— Estaremos arregimentados num grande partido?

— Seremos, em todos os lugares, uma assembleia de trabalhadores atentos à Vontade divina.

— O programa?

— Permanecerá nos ensinamentos novos de amor, trabalho, esperança, concórdia e perdão.

— Onde fica a voz imediata de comando?

— Na consciência.

— E os cofres mantenedores do movimento?

— Situar-se-ão em nossa capacidade de produzir o bem.

— Com quem contaremos de imediato?

— Acima de tudo com o Pai e, na estrada comum, com as nossas próprias forças.

— Quem reterá a melhor posição no ministério?

— Aquele que mais servir.

O candidato coçou a cabeça, francamente desorientado, e continuou, finda a pausa:

— Que objetivo fundamental será o nosso?

Respondeu Jesus, sem se irritar:
— O mundo regenerado, enobrecido e feliz.
— Quanto tempo gastaremos?
— O tempo necessário.
— De quantos companheiros seguros dispomos para início da obra?
— Dos que puderem compreender-nos e quiserem ajudar-nos.
— Mas não teremos recursos de constranger os seguidores à colaboração ativa?
— No Reino divino não há violência.
— Quantos filósofos, sacerdotes e políticos nos acompanharão?
— Em nosso apostolado, a condição transitória não interessa, e a qualidade permanece acima do número.
— A missão abrangerá quantos países?
— Todas as nações.
— Fará diferença entre senhores e escravos?
— Todos os homens são filhos de Deus.
— Em que sítio se levantam as construções de começo? Aqui em Jerusalém?
— No coração dos aprendizes.
— Os livros de apontamento estão prontos?
— Sim.
— Quais são?
— Nossas vidas...

O talentoso adventício continuou a indagar, mas Jesus silenciou, sorridente e calmo.

Após longa série de interrogativas sem resposta, o afoito rapaz inquiriu, ansioso:
— Senhor, por que não esclareces?

O Cristo afagou-lhe os ombros inquietos e afirmou:
— Busca-me quando estiveres disposto a cooperar.

E, assim dizendo, abandonou Jerusalém na direção da Galileia, onde procurou os pescadores rústicos e humildes que, realmente, nada sabiam da cultura grega ou do direito romano, mantendo-se, contudo, perfeitamente prontos a trabalhar com alegria e a servir por amor, sem perguntar.

~ 3 ~
Justiça de cima

Quatro operários solteiros, quase todos da mesma idade, compareceram ao tribunal da Justiça de Cima, depois de haverem perdido o corpo físico num acidente espetacular.

Na Terra, foram analisados por idêntico padrão.

Excelentes rapazes, aniquilados pela morte, com as mesmas homenagens sociais e domésticas.

Na vida espiritual, contudo, mostravam-se diferentes entre si, reclamando variados estudos e diversa apreciação.

Ostentando, cada qual, um halo de irradiações específicas, foram conduzidos ao juiz que lhes examinara o processo, durante alguns dias, atenciosamente.

O magistrado convidou um a um a lhe escutarem as determinações, em nome do Direito universal, perante numerosa assembleia de interessados nas sentenças.

Ao primeiro deles, cercado de pontos escuros, como se estivesse envolvido numa atmosfera pardacenta, o compassivo julgador disse bondoso:

— De tuas notas, transparecem os pesados compromissos que assumiste, utilizando os teus recursos de trabalho para fins inconfessáveis. Há viúvas e órfãos chorando no mundo, guardando amargas recordações de tua influência.

E porque o interpelado inquirisse quanto ao futuro que o aguardava, o árbitro amigo observou, sem afetação:

— Volta à paisagem onde viveste e recomeça a luta de redenção, reajustando o equilíbrio daqueles que prejudicaste. És naturalmente obrigado a restituir-lhes a paz e a segurança.

Aproximou-se o segundo, que se movimentava sob irradiações cinzentas, e ouviu as seguintes considerações:

— Revelam os apontamentos a teu respeito que lesaste a fábrica em que trabalhavas. Detiveste vencimentos e vantagens que não correspondem ao esforço que despendeste.

E, percebendo-lhe as interrogações mentais, acrescentou:

— Torna ao teu antigo núcleo de serviço e auxilia os companheiros e as máquinas que exploraste em mau sentido. É indispensável resgates o débito de alguns milhares de horas, junto deles, em atividade assistencial.

Ao terceiro que se aproximou, a destoar dos precedentes pelo aspecto com que se apresentava, disse o juiz, generoso:

— As informações de tua romagem no planeta terrestre explicam que demonstraste louvável correção no proceder. Não te valeste das tuas possibilidades de serviço para prejudicar os semelhantes, não traíste as próprias obrigações e somente recebeste do mundo aquilo que te era realmente devido. A tua consciência está quite com a Lei. Podes escolher o teu novo tipo de experiência, mas ainda na Terra, onde precisas continuar no curso da própria sublimação.

Em seguida, surgiu o último. Vinha nimbado de belo esplendor. Raios de safira claridade envolviam-no todo, parecendo emitir felicidade e luz em todas as direções.

O juiz inclinou-se, diante dele, e informou:

— Meu amigo, a colheita de tua sementeira confere-te a elevação. Serviços mais nobres esperam-te mais alto.

O trabalhador humilde, como que desejoso de ocultar a luz que o coroava, afastou-se em lágrimas de júbilo e gratidão, nos braços de velhos amigos que o cercavam, contentes, e, em razão das perguntas a explodirem nos colegas despeitados, que asseveravam nele conhecer um simples homem de trabalho, o julgador esclareceu persuasivo e bondoso:

— O irmão promovido é um herói anônimo da renúncia. Nunca impôs qualquer prejuízo a alguém, sempre respeitou a oficina que se honrava com a sua colaboração e não se limitou a ser correto para com os deveres, por meio dos quais conquistava o que lhe era necessário à vida. Sacrificava-se pelo bem de todos. Soube ser delicado nas situações mais difíceis. Suportava o fígado enfermo dos colegas, com bondade e entendimento. Inspirava confiança. Distribuía estímulo e entusiasmo. Sorria e auxiliava sempre. Centenas de corações seguiram-no, além da morte, oferecendo-lhe preces, alegrias e bênçãos. A Lei divina jamais se equivoca.

E porque o julgamento fora satisfatoriamente liquidado, o tribunal da Justiça de Cima encerrou a sessão.

~ 4 ~
O faroleiro desprevenido

O soldado Teofrasto, homem de excelente coração, fora nomeado faroleiro por Alcibíades, na expedição da Sicília, a fim de orientar as embarcações em zona perigosa do mar.

Por ali, rochedos pontiagudos esperavam sem piedade as galeras invigilantes. Ainda mesmo fora da tempestade, quando a fúria dos deuses não soprava sibilante sobre a Terra, derribando casas e arvoredo, os pequenos e grandes barcos eram como que atraídos aos penhascos destruidores, quais ovelhas precipitadamente conduzidas ao matadouro.

Quantos viajantes haviam já perdido a vida e os bens na traiçoeira passagem? Quantos pescadores incautos não mais regressaram à bênção do lar? Ninguém sabia.

Preservando, porém, a sorte de seus comandados, o grande general situou Teofrasto no farol que se erguia na costa, com a missão de iluminar o caminho equóreo,[1] dentro da noite. Para garantir-lhe o êxito, mandou-lhe emissários com vasta provisão

---

[1] N.E.: referente ao mar ou ao alto-mar.

de óleo puro. O servidor, honrado com semelhante mandato, permaneceria no ministério da luz contra as trevas, defendendo a salvação de todos os que transitassem pelas águas escuras.

De início, Teofrasto desenvolveu, sem dificuldade, a tarefa que lhe competia. Findo o crepúsculo, mantinha a luz acesa, revelando a rota libertadora.

Quando os vizinhos, porém, souberam que o soldado guardava um coração terno e bondoso, passaram a visitá-lo, amiúde. Realmente estimavam nele a cordialidade e a doçura, mas o que procuravam, no fundo, era a concessão de óleo destinado às pequenas necessidades que lhes eram próprias.

O soldado, a breve tempo, era cercado de envolventes apelos.

Antifon, o lavrador, veio pedir-lhe meio barril do combustível para os serões de sua fazenda. Eunice, a costureira, rogou-lhe duas ânforas cheias para terminar a confecção de algumas túnicas, além das horas do dia. Êubolo, o sapateiro, alegando que o pai agonizava, implorou-lhe a doação de alguns pratos de azeite, a fim de que o genitor não morresse às escuras. Crisóstomo, o fabricante de unguentos, reclamou cinco potes destinados à manipulação de remédios. Corciro, o negociante, implorou certa cota mais elevada para sustento de algumas tochas.

Todos os afeiçoados das redondezas, interessados em satisfazer as exigências domésticas, relacionaram solicitações simpáticas e comoventes.

Teofrasto, atingido na sensibilidade, distribuiu o combustível precioso pela ordem das rogativas.

Não podia sofrer o quadro angustioso, afirmava. As requisições, no seu parecer, eram justas e oportunas.

Assim foi que, ao término de duas semanas, esgotou-se a reserva de doze meses.

O funcionário não pôde comunicar-se facilmente com os postos avançados de comando e, tão logo se apagou o farol solitário, por várias noites consecutivas os duros penhascos espatifaram embarcações de todos os matizes.

Prestigiosos contingentes de tropas perderam a vida.

Confiados pescadores jamais tornaram ao ninho familiar.

Comerciantes diversos, portadores de valiosas soluções e problemas inquietantes da luta humana, desceram aflitos aos abismos do mar.

Alcibíades, naturalmente indignado, exonerou o servidor do elevado encargo, recomendando lhe fossem aplicadas as penas da lei.

O médium cristão é sempre um faroleiro com as reservas de óleo das possibilidades divinas, em benefício de todos os que navegam a pleno oceano da experiência terrestre, indicando-lhes os rochedos das trevas e descerrando-lhes o rumo salvador; todavia, quantos deles perdem a oportunidade de serviço vitorioso pela prisão indébita nos casos particulares que procedem geralmente de bagatelas da vida?

~ 5 ~
"Eu" contra "eu"

Quando o Homem, ainda jovem, desejou cometer o primeiro desatino, aproximou-se o Bom Senso e observou-lhe.
— Detém-te! Por que te confias assim ao mal?
O interpelado, porém, respondeu orgulhoso:
— Eu quero.
Passando, mais tarde, à condição de perdulário e adotando a extravagância e a loucura por normas de viver, apareceu a Ponderação e aconselhou-o:
— Para! Por que te consagras, desse modo, ao gasto inconsequente?
Ele, contudo, esclareceu jactancioso:
— Eu posso.
Mais tarde, mobilizando os outros a serviço da própria insensatez, recebeu a visita da Humildade, que lhe rogou piedosa:
— Reflete! Por que te não compadeces dos mais fracos e dos mais ignorantes?
O infeliz, todavia, redarguiu colérico:

— Eu mando.

Absorvendo imensos recursos, inutilmente, quando poderia beneficiar a coletividade, abeirou-se dele o Amor e pediu:

— Modifica-te! Sê caridoso! Como podes reter o rio das oportunidades sem socorrer o campo das necessidades alheias?

E o mísero informou:

— Eu ordeno.

Praticando atos condenáveis, que o levaram ao pelourinho da desaprovação pública, a Justiça acercou-se dele e recomendou:

— Não prossigas! Não te dói ferir tanta gente?

O infortunado, entretanto, acentuou implacável:

— Eu exijo.

E assim viveu o Homem, acreditando-se o centro do Universo, reclamando, oprimindo e dominando, sem ouvir as sugestões das virtudes que iluminam a Terra, até que, um dia, a Morte o procurou e lhe impôs a entrega do corpo físico.

O desditoso entendeu a gravidade do acontecimento, prosternou-se diante dela e considerou:

— Morte, por que me buscas?

— Eu quero — disse ela.

— Por que me constranges a aceitar-te? — gemeu triste.

— Eu posso — retrucou a visitante.

— Como podes atacar-me deste modo?

— Eu mando.

— Que poderes te movem?

— Eu ordeno.

— Defender-me-ei contra ti — clamou o Homem, desesperado —, duelarei e receberás a minha maldição!...

Mas a Morte sorriu, imperturbável, e afirmou:

— Eu exijo.

E, na luta do "eu" contra "eu", conduziu-o à casa da Verdade para maiores lições.

~ 6 ~
O bendito aguilhão

Atendendo a certas interrogações de Simão Pedro, no singelo agrupamento apostólico de Cafarnaum, Jesus explicava solícito:
— Destina-se a Boa Nova, sobretudo, à vitória da fraternidade.

"Nosso Pai espera que os povos do mundo se aproximem uns dos outros e que a maldade seja esquecida para sempre.

"Não é justo se combatam as criaturas reciprocamente, a pretexto de exercerem domínio indébito sobre os patrimônios da vida, dos quais somos todos simples usufrutuários.

"Operemos, assim, contra a inveja que ateia o incêndio da cobiça, contra a vaidade que improvisa a loucura e contra o egoísmo que isola as almas entre si...

"Naturalmente, a grande transformação não surgirá de inesperado.

"Santifiquemos o verbo que antecipa a realização.

"No pensamento bem conduzido e na prece fervorosa, receberemos as energias imprescindíveis à ação que nos cabe desenvolver.

"A paciência no ensino garantirá êxito à sementeira, a esperança fiel alcançará o Reino divino, e a nossa palavra, aliada ao amor que auxilia, estabelecerá o império da infinita Bondade sobre o mundo inteiro.

"Há sombras e moléstias por toda parte, como se a existência na Terra fosse uma corrente de águas viciadas. É imperioso reconhecer, porém, que, se regenerarmos a fonte, aparece adequada solução ao grande problema. Restaurado o espírito, em suas linhas de pureza, sublimam-se-lhe as manifestações."

Em face da pausa natural que se fizera, espontânea, na exposição do Mestre, Pedro interferiu, perguntando:

— Senhor, as tuas afirmativas são sempre imagens da verdade. Compreendo que o ensino da Boa Nova estenderá a felicidade sobre toda a Terra... No entanto, não concordas que as enfermidades são terríveis flagelos para a criatura? E se curássemos todas as doenças? Se proporcionássemos duradouro alívio a quantos padecem aflições do corpo? Não acreditas que, assim, instalaríamos bases mais seguras ao Reino de Deus?

E Filipe ajuntou algo tímido:

— Grande realidade!... Não é fácil concentrar ideias no Alto, quando o sofrimento físico nos incomoda. É quase impossível meditar nos problemas da alma, se a carne permanece abatida de achaques...

Outros companheiros se exprimiram, apoiando o plano de proteção integral aos sofredores.

Jesus deixou que a serenidade reinasse de novo, e, louvando a piedade, comunicou aos amigos que, no dia imediato, a título de experiência, todos os enfermos seriam curados, antes da pregação.

Com efeito, no outro dia, desde manhãzinha, o Médico celeste, acolitado pelos Apóstolos, impôs suas milagrosas mãos sobre os doentes de todos os matizes.

No curso de algumas horas, foram libertados mais de cem prisioneiros da sarna, do cancro, do reumatismo, da paralisia, da cegueira, da obsessão...

Os enfermos penetravam o gabinete improvisado ao ar livre, com manifesta expressão de abatimento, e voltavam jubilosos.

Tão logo reapareciam, de olhar fulgurante, restituídos à alegria, à tranquilidade e ao movimento, formulava Pedro o convite fraterno para o banquete de verdade e luz.

O Mestre, em breves instantes, falaria com respeito à beleza da Eternidade e à glória do Infinito; demonstraria o amor e a sabedoria do Pai e descortinaria horizontes divinos da renovação, desvendando segredos do Céu para que o povo traçasse luminoso caminho de elevação e aperfeiçoamento na Terra.

Os alegres beneficiados, contudo, se afastavam céleres, entre frases apressadas de agradecimento e desculpa. Declaravam-se alguns ansiosamente esperados no ambiente doméstico e outros se afirmavam interessados em retomar certas ocupações vulgares, com urgência.

Com a cura do último feridento, a vasta margem do lago contava apenas com a presença do Senhor e dos doze aprendizes.

Desagradável silêncio baixou sobre a reduzida assembleia.

O pescador de Cafarnaum endereçou significativo olhar de tristeza e desapontamento ao Mestre, mas o Cristo falou compassivo:

— Pedro, estuda a experiência e guarda a lição. Aliviemos a dor, mas não nos esqueçamos de que o sofrimento é criação do próprio homem, ajudando-o a esclarecer-se para a vida mais alta.

E sorrindo, expressivamente, rematou:

— A carne enfermiça é remédio salvador para o espírito envenenado. Sem o bendito aguilhão da enfermidade corporal é quase impossível tanger o rebanho humano do lodaçal da Terra para as culminâncias do paraíso.

~ 7 ~
A ficha

João Mateus, distinto pregador do Evangelho na seara espírita, na noite em que atingiu meio século de idade no corpo físico, depois de orar enternecidamente com os amigos, foi deitar-se. Sonhou que alcançava as portas da vida espiritual e, deslumbrado com a leveza de que se via possuído, intentava alçar-se para melhor desfrutar a excelsitude do paraíso, quando um funcionário da passagem celeste se aproximou, a lembrar-lhe, solícito:

— João, para evitar qualquer surpresa desagradável no avanço, convém uma vista de olhos em sua ficha...

E o viajante recebeu primoroso documento, em cuja face leu espantadiço:

— João Mateus.
— Renascimento na Terra em 1904.
— Berço manso.
— Pais carinhosos e amigos.
— Inteligência preciosa.

— Cérebro claro.
— Instrução digna.
— Bons livros.
— Juventude folgada.
— Boa saúde.
— Invejável noção de conforto.
— Sono calmo.
— Excelente apetite.
— Seguro abrigo doméstico.
— Constante proteção espiritual.
— Nunca sofreu acidentes de importância.
— Aos 20 anos de idade, empregou-se no comércio.
— Casou-se aos 25, em regime de escravização da mulher.
— Católico romano até os 26.
— Presenciou, sem maior atenção, 672 missas.
— Aos 27 de idade, transferiu-se para as fileiras espíritas.
— Compareceu a 2.195 sessões de Espiritismo, sob a invocação de Jesus.
— Realizou 1.602 palestras e pregações doutrinárias.
— Escreve cartas e páginas comoventes.
— Notável narrador.
— Polemista cauteloso.
— Quatro filhos.
— Boa mesa em casa.
— Não encontra tempo para auxiliar os filhos na procura do Cristo.
— Efetuou 106 viagens de repouso e distração.
— Grande intolerância para com os vizinhos.
— Refratário a qualquer mudança de hábitos para a prestação de serviço aos outros.
— Nunca percebe se ofende o próximo, por meio da sua conduta, mas revela extrema suscetibilidade ante a conduta alheia.
— Relaciona-se tão somente com amigos do mesmo nível.

— Sofre horror às complicações da vida social, embora destaque incessantemente o imperativo da fraternidade entre os homens.
— Sabe defender-se com esmero em qualquer problema difícil.
— Além dos recursos naturais que lhe renderam respeitável posição e expressivo reconforto doméstico, sob o constante amparo de Jesus, por intermédio de múltiplos mensageiros, conserva bens imóveis no valor de Cr$ 600.000,00 e guarda em conta de lucro particular a importância de Cr$ 302.000,00.
— Para Jesus, que o procurou na pessoa de mendigos, de necessitados e doentes, deu durante toda a vida 90 centavos.
— Para cooperar no apostolado do Cristo, já ofereceu 12 cruzeiros em obras de assistência social.
— Débito ....

Quando ia ler o item referente às próprias dívidas, fortemente impressionado, João acordou.

Era manhãzinha...

À noite, bem-humorado, reuniu-se aos companheiros, relatando-lhes a ocorrência.

Estava transformado, dizia. O sonho modificara-lhe o modo de pensar. Consagrar-se-ia doravante a trabalho mais vivo no movimento espírita. Pretendia renovar-se por dentro, reuniria agora palavra e ação.

Para isso, achava-se disposto a colaborar substancialmente na construção de um lar destinado à recuperação de crianças desabrigadas que, desde muito, desejava socorrer.

A experiência daquela noite inesquecível era, decerto, um aviso precioso. E, sorridente, despediu-se dos irmãos de ideal, solicitando-lhes novo reencontro para o dia seguinte. Esperava assentar as bases da obra que se propunha levar a efeito.

Contudo, na noite imediata, quando os amigos lhe bateram à porta, vitimado por um acidente das coronárias, João Mateus estava morto.

~ 8 ~
O remédio objetivo

Isidoro Viana, colaborador nos serviços da caridade cristã, não obstante o devotamento com que se entregara aos princípios evangélicos, torturava-se, infinitamente, ante os golpes da crítica.

Nas sessões do grupo, vivia em queixas constantes.

Tão logo se incorporava Policarpo, o benfeitor espiritual que dirigia a casa, intervinha Isidoro, reclamando:

— Irmão Policarpo, estou exausto! Que me aconselha? O mau juízo sufoca-me. Se cumpro minhas obrigações, chamam-me bajulador; se me afasto do dever durante alguns minutos, acusam-me de preguiçoso. Se tomo a iniciativa do bem, declaram-me afoito e, se aguardo a cooperação de alguém, classificam-me de tardio. Que fazer?

O mentor desencarnado contornava o problema, delicadamente, e acabava asseverando:

— O plano terrestre, meu amigo, ainda é de enormes contrastes. A luz é combatida pelas trevas, o mal, pelo bem. A hostilidade que a ignorância nos abre favorece o trabalho geral de esclarecimento. Tenhamos calma e prossigamos a serviço de nosso Senhor, que nos ajudou até à cruz.

O companheiro choramingava e, na próxima reunião, voltava a pedir:

— Irmão Policarpo, que tentar em favor da harmonia? Minha boa vontade é inexcedível, entretanto, como proceder ante os adversários gratuitos? O cerco dessa gente é insuportável. Não consigo caminhar em paz. Se rendo culto à gentileza, abrindo o espírito à ternura dos amigos, dizem que sou explorador da confiança alheia e, se busco isolar-me, atento aos compromissos que assumi, afirmam que não passo de orgulhoso e mau irmão.

O protetor respondia tolerante:

— A tarefa, meu amigo, será mesmo assim. Quem conhece Jesus deve desculpar a leviandade daqueles que ainda o não conhecem. Aliás, a obra de evangelização das almas demanda paciência e perdão, com o sacrifício de nós mesmos. Se não nos dispusermos a sofrer, de algum modo, pela causa do bem vitorioso, quem nos libertará do mal? Tenhamos suficiente valor e imitemos o exemplo de suprema renúncia do Mestre.

Isidoro gemia, concordando a contragosto; contudo, na semana seguinte, repisava:

— Irmão Policarpo, que será de mim? A opinião do mundo é obstáculo intransponível. Não aguento mais. Em tudo a censura castiga. Se dou recursos materiais, contribuindo nas obras da compaixão fraternal, sou apontado por vaidoso com mania de ostentação e, se procuro retrair-me, de alguma sorte, gritam por aí que tenho um coração empedernido e gangrenado. A incompreensão dá para enlouquecer. Como agir?

O amigo generoso replicava sereno:

— Semelhantes conflitos são injunções da luta santificante. Quem muito fala aprenderá, mais tarde, a calar-se... Não se prenda às desarmonias alheias. Ligue-se ao bem e acompanhe as sugestões mais nobres. Enquanto a imperfeição dominar as almas, a crítica será um estilete afiado convocando-nos à demonstração das mais altas virtudes. Coloque sua mente e seu coração na vontade do Senhor e caminhe para a frente. As árvores ressequidas ou estéreis jamais recebem pedradas. Não têm fruto que tente os que passam. Avancemos corajosos no trabalho cristão.

Isidoro lamentava-se e o assunto transferia-se à reunião imediata.

De semana a semana, o aprendiz chorão multiplicava perguntas, até que, certa noite, agastado talvez com os incessantes apelos à serenidade que o instrutor lhe propunha, exclamou desesperado:

— O que eu desejo, irmão Policarpo, é uma orientação decisiva contra os ataques indébitos. Que medida adotar para não sermos perturbados? Como anular a reprovação desalentadora? Por que processo nos livrarmos dela? Como furtar-nos ao remoque, à deturpação, à maldade?

O benfeitor espiritual sorriu, magnânimo, e acentuou:

— Ah! já sei... Você pede um remédio objetivo...

— Isto mesmo! — tornou Isidoro, ansioso.

— Pois bem — concluiu o amigo espiritual, benevolente —, a única medida aconselhável é a paralisia da consciência. Tome meio quilo de anestésicos por dia, descanse o corpo em poltronas e leitos, durma o resto da existência, despreocupe-se de todos os deveres, fuja à aspiração de elevar-se, resigne-se à própria ignorância e cole-se a ela, tanto quanto a ostra se agarra ao penedo, e, desde que você se faça completamente inútil, por mais nada fazer, a crítica baterá em retirada. Experimente e verá.

Isidoro escutou a estranha fórmula, de olhos arregalados e, daí em diante, começou a servir sem perguntar.

~ 9 ~
O caçador providencial

Conversávamos acerca do sofrimento, quando o orientador hindu que nos acompanhava contou com simplicidade infantil:

— O Anjo da libertação desceu do paraíso a este mundo, pousando num cômoro verdejante, a reduzida distância do mar.

Aproximaram-se dele um melro, um abutre, uma tartaruga e uma borboleta.

Reconhecendo que essa era a assembleia de que podia dispor para a revelação que trazia, o iluminado peregrino começou, ali mesmo, a exalçar as virtudes do Alto, convidando-os à vida superior.

Com frases convincentes, esclareceu que o melro, guindado aos cimos de luz, transformar-se-ia num pombo alvo, que o abutre seria metamorfoseado numa ave celestial, que a tartaruga receberia nova forma, suave e leve, em que lhe seria possível planar na imensidão azul e que a borboleta converter-se-ia em estrela luminescente...

Os ouvintes assinalaram as promessas com emoção; no entanto, assim que o silêncio voltou a reinar, o melro alegou:

— Anjo bom, escusai-me! Um ninho espera-me no arvoredo... Meus filhotes não me entenderiam a ausência...

E afastou-se, apressado.

O abutre confessou em tom enigmático:

— Comovente é a vossa descrição do plano divino, entretanto, possuo interesses valiosos no mundo. Preciso voar...

E partiu, batendo as asas, a fim de arrojar-se sobre carniça próxima.

A tartaruga moveu-se lentamente e explicou:

— Quisera seguir-vos, abandonando o cárcere sob o qual me arrasto no solo, contudo, tenho meus ovos na praia...

E regressou, pachorrenta, à habitação que lhe era própria.

A borboleta achegou-se ao pregador da bem-aventurança e disse delicada:

— Santo, não posso viajar convosco. Moro num tronco florido e meus parentes não me desculpariam a fuga.

E tornou à frescura do bosque.

O Anjo, que não podia violentá-los, marchou, sozinho, para diante...

A borboleta, porém, apenas avançara alguns metros, na volta a casa, viu-se defrontada por hábil caçador que lhe cobiçava as asas brilhantes.

Após longa resistência, tentou alcançar a árvore em que residia, mas, perseguida, presenciou a morte de alguns dos familiares que repousavam. Chorosa, buscou refugiar-se em velha furna, sendo facilmente desalojada pelo implacável verdugo. Ensaiou, debalde, esconder-se entre velhos barcos esquecidos na areia... Tudo em vão, porque o homem tenaz era astucioso e sabia frustrar-lhe todas as tentativas de defesa, armando-lhe ciladas cada vez mais inquietantes.

Quando a pobre vítima se sentia fraquejar, lembrou-se do Anjo da libertação e voou ao encontro dele.

O mensageiro divino recebeu-a, contente, e, oferecendo-lhe asilo nos próprios braços, garantiu-lhe a salvação.

O narrador fez pequena pausa e considerou:

— O sofrimento é assim como um caçador providencial em nossas experiências. Sem ele, a Humanidade não se elevaria à renovação e ao progresso. Quem se acomoda com os planos inferiores, dificilmente consegue descortinar a vida mais alta, sem o concurso da dor. Saibamos, assim, tolerar a aflição e aproveitá-la. Quando a criatura se vê na condição da borboleta aflita e desajustada, aprende a receber na Terra o socorro do Céu.

Calou-se o mentor sábio, e, porque ninguém comentasse o formoso apólogo, passamos todos a refletir.

~ 10 ~
Parábola simples

Diversos aprendizes rodeavam o Senhor, em Cafarnaum, em discussão acesa, com respeito ao poder da palavra, acentuando-lhe os bens e os males.

Propunham alguns o verbo contundente para a regeneração do mundo, enquanto outros preconizavam a frase branda e compreensiva.

Reparando o tom de azedia nos companheiros irritadiços, o Mestre interferiu e contou uma parábola simples.

— Certa feita — narrou, com doçura —, o Gênio do Bem, atendendo à prece de um lavrador de vida singela, emitiu um raio de luz e insuflou-o sobre o coração dele, em forma de pequenina observação carinhosa e estimulante, por intermédio de uma boca otimista. No peito do modesto homem do campo, a fagulha acentuou-se, inflamando-lhe os sentimentos mais elevados numa chama sublime de ideal do bem, derramando-se para todas as pessoas que povoavam a paisagem.

"Em breve tempo, o raio minúsculo era uma fonte de claridade a criar serviço edificante em todos os círculos do sítio abençoado; sob a sua atuação permanente, os trigais cresceram com promessas mais amplas, e a vinha robusta anunciava abundância e alegria.

"Converteu-se o raio de luz em esperança e felicidade na alma dos lavradores, e a seara bem provida avançou, triunfal, do campo venturoso para todas as regiões que o cercavam, à maneira de mensagem sublime de paz e fartura.

"Muita gente acorreu àquele recanto risonho e calmo, tentando aprender a ciência da produção fácil e primorosa e conduziu para as zonas mais distantes os processos pacíficos de esforço e colaboração, que o lume da boa vontade ali instalara no ânimo geral.

"Ao fim de alguns poucos anos, o raio de luz transformara-se numa época de colheitas sadias para a tranquilidade popular."

O Mestre fez ligeiro intervalo e continuou:

— Veio, porém, um dia em que o povo afortunado, orgulhando-se agora do poderio obtido com o auxílio oculto, esqueceu-se da gratidão que devia à magnanimidade celeste e pretendeu humilhar uma nação vizinha. Isso bastou para que grande brecha se abrisse à influência do Gênio do Mal, que emitiu um estilete de treva sobre o coração de uma pobre mulher do povo, por intermédio de uma boca maldizente.

"A infortunada criatura não mais sentiu a claridade interior da harmonia e deixou que o traço de sombra se multiplicasse indefinidamente em seu íntimo de mãe enceguecida... Logo após, despejou a sua provisão de trevas, já transbordante, na alma de dois filhos que trabalhavam num extenso vinhedo, e ambos, envenenados por pensamentos escuros de revolta, facilmente encontraram companheiros dispostos a absorver-lhes os espinhos invisíveis de indisciplina e maldade, incendiando vasta propriedade e empobrecendo vários senhores de rebanhos e terras, dantes prósperos.

"A perversa iniciativa encontrou vários imitadores e, em tempo curto, estabeleceram-se estéreis conflitos em todo o reino.

"Administradores e servos confiaram-se, desvairados, a duelo mortal, trazendo o domínio da miséria que passou a imperar, detestada e cruel para todos."

O divino Amigo silenciou por minutos longos e acrescentou:

— Nesta parábola humilde, temos o símbolo da palavra preciosa e da palavra infeliz. Uma frase de incentivo e bondade é um raio de luz, suscetível de erguer uma nação inteira, mas uma sentença perturbadora pode transportar todo um povo à ruína...

Pensou, pensou e concluiu:

— Estejamos certos de que, se a luz devora as distâncias, iluminando tudo o que se lhe oferece à paisagem, a treva rola também, enegrecendo o que vai encontrando. Em verdade, a ação é dos braços, mas a direção vem sempre do pensamento, por intermédio da língua. E sendo todo homem filho de Deus e herdeiro dele, na criação e na extensão da vida, ouça quem tiver "ouvidos de ouvir".

~ 11 ~
Seara de ódio

— Não! não te quero em meus braços! — dizia a jovem mãe, a quem a Lei do Senhor conferira a doce missão da maternidade, para o filho que lhe desabrochava do seio — não me furtarás a beleza! Significas trabalho, renunciação, sofrimento...

— Mãe, deixa-me viver!... — suplicava-lhe a criancinha no santuário da consciência. — Estamos juntos! Dá-me a bênção do corpo! Devo lutar e regenerar-me. Sorverei contigo a taça de suor e lágrimas, procurando redimir-me... Completar-nos-emos. Dá-me arrimo, dar-te-ei alegria. Serei o rebento de teu amor, tanto quanto serás para mim a árvore de luz, em cujos ramos tecerei o meu ninho de paz e de esperança...

— Não, não...

— Não me abandones!

— Expulsar-te-ei.

— Piedade, mãe! Não vês que procedemos de longe, alma com alma, coração a coração?

— Que importa o passado? Vejo em ti tão somente o intruso, cuja presença não pedi.
— Esqueces-te, mãe, de que Deus nos reúne? Não me cerres a porta!...
— Sou mulher e sou livre. Sufocar-te-ei antes do berço...
— Compadece-te de mim!...
— Não posso. Sou mocidade e prazer, és perturbação e obstáculo.
— Ajuda-me!
— Auxiliar-te seria cortar em minha própria carne. Disputo a minha felicidade e a minha leveza feminil...
— Mãe, ampara-me! Procuro o serviço de minha restauração...

Dia a dia, renovava-se o diálogo sem palavras, até que, quando a criança tentava vir à luz, disse-lhe a mãezinha cega e infortunada, constrangendo-a a beber o fel da frustração:
— Torna à sombra de onde vens! Morre! Morre!
— Mãe, mãe! Não me mates! Protege-me! Deixa-me viver...
— Nunca!
— Socorre-me!
— Não posso.

Duramente repelido, caiu o pobre filho nas trevas da revolta e, no anseio desesperado de preservar o corpo tenro, agarrou-se ao coração dela, que destrambelhou, à maneira de um relógio desconsertado...

Ambos, então, ao invés de continuarem na graça da vida, precipitaram-se no despenhadeiro da morte.

Desprovidos do invólucro carnal, projetaram-se no Espaço, gritando acusações recíprocas.

Achavam-se, porém, imanados um ao outro pelas cadeias magnéticas de pesados compromissos, arrastando-se por muito tempo, detestando-se e recriminando-se mutuamente...

A sementeira de crueldade atraíra a seara de ódio. E a seara de ódio lhes impunha nefasto desequilíbrio.

Anos e anos desdobraram-se, sombrios e inquietantes, para os dois, até que, um dia, caridoso Espírito de mulher recordou-se deles em preces de carinho e piedade, como a ofertar-lhes o próprio seio. Ambos responderam, famintos de consolo e renovação, aceitando o generoso abrigo...

Envolvidos pela carícia maternal, repousaram enfim.

Brando sono pacificou-lhes a mente dolorida.

Todavia, quando despertaram de novo na Terra, traziam o estigma do clamoroso débito em que se haviam reunido, reaparecendo, entre os homens, como duas almas apaixonadas pela carne, disputando o mesmo vaso físico, no triste fenômeno de um corpo único, sustentando duas cabeças.

~ 12 ~
O exame da caridade

Em populosa cidade do Brasil, os três amigos, Ribeiro, Pires e Martins, inspirados no Espiritismo consolador, fundaram prestigioso núcleo doutrinário, exclusivamente consagrado a estudos da caridade cristã.

Expressivo número de companheiros se lhes agregaram ao ideal, e entidades amigas, por intermédio de médiuns devotados à causa, revelaram-se simpáticas ao trabalho que se propunham desenvolver, colaborando brilhantemente para que a melhor compreensão do Evangelho reinasse no grupo; entre elas, salientava-se a benfeitora Custódia, que tomou a si o encargo maternal de orientar os três companheiros que haviam entrelaçado esperanças e aspirações a respeito da redentora virtude.

Irmã Custódia ensaiava as mais belas tarefas verbais, na condição de iluminada instrutora; e Ribeiro, Pires e Martins completavam-lhe a obra, proferindo comentários luminosos, na comunidade acolhedora.

Livros edificantes eram interpretados com inimitável brilho.

A protetora invisível aos trabalhadores encarnados rejubilava-se, feliz. Explicava-nos, exultante, que encontrara, finalmente, uma sementeira promissora, que lhe dava direito à mais ampla expectativa. A caridade, ali, seria, a breve tempo, árvore abençoada e frondosa, resultando em fonte para sedentos, mesa farta aos famintos e refúgio calmo aos sofredores.

Conferências evangélicas multiplicavam-se em admiráveis torneios oratórios.

Convertera-se a casa num florilégio precioso.

Cada irmão na fé, amparando-se, sobretudo, nas convicções dos três fundadores, incansáveis nas preleções reconfortantes, era portador de observações fraternas e convincentes.

Inúmeros estudiosos visitaram, com enlevo, aquele reduto iluminativo e, ao se despedirem, quase sempre tinham lágrimas copiosas, ante a emoção recolhida nos discursos sublimes.

Autores quais Richet,[2] Delanne[3] e Crookes,[4] inclinados às perquirições científicas, quando lidos em semelhante parlamento de amor, soavam estranhamente, porque, no fundo, a instituição era um templo exclusivamente dedicado ao evangelismo salvador.

Avizinhando-se o décimo aniversário da instalação, Custódia, a benfeitora, pediu que fizessem orações comemorativas, especiais.

As irradiações da caridade do Alto visitariam os três pilares humanos daquela obra divina e, por isso, convidava o trio a

---

[2] N.E.: Charles Richet (1850–1935), médico fisiologista francês, metapsiquista, também era aviador, escritor.

[3] N.E.: François Marie Gabriel Delanne (1857–1926), engenheiro-eletricista, oriundo de família espírita, aos 28 anos publicou o seu primeiro livro *Espiritismo perante a ciência*, entre outras obras. Trabalhou de forma inusitada pela divulgação da Doutrina Espírita.

[4] N.E.: William Crookes (1832–1919), célere físico inglês e profundo investigador dos fenômenos espíritas, por intermédio da médium Florence Cook, e do Espírito Kate King (1872). Publicou Fatos espíritas (1874).

solenizar o acontecimento com palavras de louvor ao Mestre dos mestres.

Ribeiro, Pires e Martins exultaram de contentamento.

Combinaram pronunciar três palestras diferentes, no dia indicado. Um deles falaria sobre o tema "caridade e humanidade", o segundo discorreria sobre "caridade e iluminação" e o último sobre "caridade e harmonia".

Chegada a noite de paz e luz, no templo ornado de flores, a trindade orientadora encantou os ouvintes com as suas dissertações renovadoras e inspiradas.

Houve preces tocantes, de mistura com lágrimas insofreáveis.

A mentora espiritual da casa comunicou-se, por intermédio de conceitos construtivos e comoventes, esclarecendo que, por haver reservado pequena tarefa para si mesma, durante as horas próximas, tornaria ao agrupamento na semana seguinte, de maneira a apreciar os júbilos da efeméride[5] com a desejável amplitude.

E a notável sessão foi encerrada com indisfarçáveis sensações de ventura no espírito coletivo.

Ribeiro, Pires e Martins, não cabendo em si de contentes, evitaram o bonde, para melhor se entregarem à conversação íntima e longa, no retorno ao ambiente doméstico.

Não haviam caminhado um quilômetro, quando foram defrontados por uma senhora de humilde expressão. Não se lhe viam os traços fisionômicos com suficiente nitidez, mas os pés calçados pobremente, a roupa modesta e limpa e o xale escuro infundiam-lhe dignidade venerável.

Abordou-os, franca e reverente:

— Senhores! ajudem-me, em nome da caridade! Estou sozinha e é mais de meia-noite... Tenho trabalho urgente em arrabalde próximo, entretanto, na posição em que me vejo, sou desconhecida na cidade.

E, em tom súplice, acentuou:

---
[5] N.E.: comemoração de um fato importante, de uma data etc.

— Qual dos três me concederá um abrigo até manhãzinha? Somente até o nascer do Sol...

Os cavalheiros entreolharam-se, assustadiços.

Ribeiro, constrangido, manifestou-se, hesitante:

— Infelizmente, não posso. Minha mulher não compreenderia.

Pires, encorajado, ajuntou:

— Eu também sinto dificuldade. Sem dúvida, estou pronto a praticar o bem; contudo, a senhora, apesar de credora de todo o meu respeito, é mulher, e meus vizinhos não me perdoariam, notando-lhe a presença junto de mim...

Martins, por último, falou firme:

— Por minha vez, nada posso fazer. Realmente não sou um homem sem lar. Minha família, entretanto, não entenderia a concessão que a senhora está pedindo. Aliás, não é mesmo razoável o que solicita a uma hora destas... Não posso arriscar...

Enorme silêncio abateu-se, ali, sobre os quatro, mas Ribeiro lembrou que se cotizassem, oferecendo-se-lhe um leito, por algumas horas, num hotel barato. Cada qual ofereceu cinco cruzeiros e a senhora afastou-se, com palavras de agradecimento.

Acontece, no entanto, que nem Ribeiro, nem Pires, nem Martins conseguiram repousar. Preocupados com o incidente, ergueram-se, antes do amanhecer, e encontraram-se, infinitamente surpreendidos, à porta da pensão modesta que haviam indicado à forasteira. Algo lhes feria a consciência e o coração. Desejavam saber como havia passado a senhora que lhes dirigira a palavra com tão grande confiança e intimidade. Não conseguiram, porém, a mínima notícia, até que, na reunião da semana seguinte, consoante a promessa que formulara, Custódia apareceu e, muito bem-humorada, por intermédio do médium, explicou ao trio assombrado:

— Sim, meus amigos, aquela senhora era eu mesma. Com a graça de Jesus, materializei-me, em plena rua, a fim de examinar-lhes o progresso em matéria de caridade. Reparei que para vocês ainda é muito difícil abrir a porta do lar. Mas se, com dez anos de estudo, puderam desatar a bolsa e ceder quinze cruzeiros, sentir-me-ei muito feliz se conseguirem abrir o coração ao verdadeiro amor fraterno, daqui a cem anos...

Sorriu, expressivamente, embora um tanto desapontada, e rematou:

— O essencial, porém, é não interromperem, de nenhum modo, o estudo e o trabalho na direção do Alto... Não há motivo para desânimo!

Vamos continuar.

~ 13 ~
Louvores recusados

Conta-se, no plano espiritual, que Vicente de Paulo oficiava num templo aristocrático da França, em cerimônia de grande gala, à frente de ricos senhores coloniais, capitães do mar, guerreiros condecorados, políticos ociosos e avarentos sórdidos, quando, a certa altura da solenidade, se verificou à frente do altar inesperado louvor público.

Velho corsário abeirou-se da sagrada mesa eucarística e bradou contrito:

— Senhor, agradeço-te os navios preciosos que colocaste em meu roteiro. Meus negócios estão prósperos, graças a ti, que me designaste boa presa. Não permitas, ó Senhor, que teu servo fiel se perca de miséria. Dar-te-ei valiosos dízimos. Erguerei uma nova igreja em tua honra e tomo os presentes por testemunhas de meu voto espontâneo.

Outro devoto adiantou-se e falou em voz alta:

— Senhor, minha alma freme de júbilo pela herança que enviaste à minha casa pela morte de meu avô que, em outro tempo, te serviu gloriosamente no campo de batalha. Agora podemos, enfim, descansar sob a tua proteção, olvidando o trabalho e a fadiga.

"Seja louvado o teu nome para sempre".

Um cavalheiro maduro, exibindo o rosto caprichosamente enrugado, agradeceu:

— Mestre divino, trago-te a minha gratidão ardente pela vitória na demanda provincial. Eu sabia que a tua bondade não me desprezaria. Graças ao teu poder, minhas terras foram dilatadas. Construirei por isso um santuário em tua memória bendita, para comemorar o triunfo que me conferiste por justiça.

Adornada senhora tomou posição e exclamou:

— Divino Salvador, meus campos da colônia distante, com o teu auxílio, estão agora produzindo satisfatoriamente. Agradeço os negros sadios e submissos que me mandaste e, em sinal de minha sincera contrição, cederei à tua igreja boa parte dos meus rendimentos.

Um homem antigo, de uniforme agaloado, acercou-se do altar e clamou estentórico:

— A ti, Mestre da infinita Bondade, o meu regozijo pelas gratificações com que fui quinhoado. Os meus latifúndios procedem de tua bênção. É verdade que para preservá-los sustentei a luta e alguns miseráveis foram mortos, mas quem senão tu mesmo colocaria a força em minhas mãos para a defesa indispensável? Doravante, não precisarei cogitar do futuro... De minha poltrona calma, farei orações fervorosas, fugindo ao imundo intercâmbio com os pecadores. Para retribuir-te, ó eterno Redentor, farei edificar, no burgo na qual a minha fortuna domina, um templo digno de tua invocação, recordando-te os sacrifícios na cruz!

Os agradecimentos continuavam, quando Vicente de Paulo, assombrado, reparou que a imagem do Nazareno adquiria vida e movimento...

Extático, viu-se à frente do próprio Senhor, que desceu do altar florido, em pranto.

O abnegado sacerdote observou que Jesus se afastava a passo rápido; contudo, sentindo-se junto dele, cobrou ânimo e perguntou-lhe, igualmente em lágrimas:

— Senhor, por que te afastas de nós?

O celeste Amigo ergueu para o clérigo a face melancólica e explicou:

— Vicente, sinto-me envergonhado de receber o louvor dos poderosos que desprezam os fracos, dos homens válidos que não trabalham, dos felizes que abandonam os infortunados...

O interlocutor sensível nada mais ouviu. Cérebro em turbilhão, desmaiou, ali mesmo, diante da assembleia intrigada, sendo imediatamente substituído, e, febril, delirou alguns dias, prisioneiro de visões que ninguém entendeu.

Quando se levantou da incompreendida enfermidade, vestiu-se com a túnica da pobreza, trabalhando incessantemente na caridade, até ao fim de seus dias.

Os adoradores do templo, entretanto, continuaram agradecendo os troféus de sangue, ouro e mentira, diante do mesmo altar e afirmaram que Vicente de Paulo havia enlouquecido.

~ 14 ~
A lição do discernimento

Finda a cena brutal, em que o povo pretendia lapidar a mulher infeliz, na praça pública, Pedro, que seguia o Senhor, de perto, interpelou-o, zelosamente:

— Mestre, desculpando os erros das mulheres que fogem ao ministério do lar, não estaremos oferecendo apoio à devassidão? Abrir os braços no espetáculo deprimente que acabamos de ver não será proteger o pecado?

Jesus meditou, meditou... e respondeu:

— Simão, seremos sempre julgados pela medida com que julgarmos os nossos semelhantes.

— Sim — clamou o Apóstolo, irritado —, compreendo a caridade que nos deve afastar dos juízos errôneos, mas porventura conseguiremos viver sem discernir? Uma pecadora, trazida ao apedrejamento, não perturbará a tranquilidade das famílias? Não representará um quadro de lama para as crianças e para os jovens? Não será uma excitação à prática do mal?

Ante as duras interrogações, o Messias observou sereno:

— Quem poderá examinar agora o acontecimento, em toda a extensão dele? Sabemos, acaso, quantas lágrimas terá vertido essa desventurada mulher até à queda fatal no grande infortúnio? Quem terá dado a esse pobre coração feminino o primeiro impulso para o despenhadeiro? E quem sabe, Pedro, essa desditosa irmã terá sido arrastada à loucura, atendendo a desesperadoras necessidades?

O Discípulo, contudo, no propósito de exalçar a justiça, acrescentou:

— De qualquer modo, a corrigenda é inadiável imperativo. Se ela nos merece compaixão e bondade, há então, noutros setores, o culpado ou os culpados que precisamos punir. Quem terá provocado a cena desagradável a que assistimos? Geralmente, as mulheres desse naipe são reservadas e fogem à multidão... Que motivos teriam trazido essa infeliz ao clamor da praça?

Jesus sorriu, complacente, e tornou:

— Quem sabe a pobrezinha andaria à procura de assistência?

O pescador de Cafarnaum acentuou, contrariado:

— O responsável devia expiar semelhante delito. Sou contra a desordem e, na gritaria que presenciamos, estou convencido de que o cárcere e os açoites deveriam funcionar...

Nesse ponto do entendimento, velha mendiga que ouvia a conversação, caminhando vagarosamente, quase junto deles, exclamou para Simão, surpreendido:

— Galileu bondoso, herdeiro da fé vitoriosa de nossos pais, graças sejam dadas a Deus, nosso poderoso Senhor! A mulher apedrejada é filha de minha irmã paralítica e cega. Moramos nas vizinhanças e vínhamos ao mercado em busca de alimento. Abeirávamo-nos daqui, quando fomos assaltadas por um rapaz que, depois de repelido por ela, em luta corpo a corpo, saiu a indicá-la ao povo para a lapidação, simplesmente porque minha infeliz sobrinha, digna de melhor sorte, não tem tido até hoje uma vida regular... Ambas estamos feridas e, com dificuldade, tornaremos para a casa... Se é possível, galileu generoso, restabelece a verdade e faze a justiça!

— E onde está o miserável? — gritou Simão, enérgico, diante do Mestre, que o seguia, bondoso.

— Ali!... Ali!... — informou a velhinha, com o júbilo de uma criança reconduzida repentinamente à alegria. E apontou uma casa de peregrinos, para onde o Apóstolo se dirigiu acompanhado de Jesus que o observava, sereno.

Por trás de antiga porta, escondia-se um homem, trêmulo de vergonha.

Pedro avançou de punhos cerrados, mas, a breves segundos, estacou, pálido e abatido.

O autor da cena triste era Efraim, filho de Jafar, pupilo de sua sogra e comensal de sua própria mesa.

Seguira o Messias com piedosa atitude, mas Pedro bem reconhecia agora que o irmão adotivo de sua mulher guardava intenção diferente.

Angustiado, em lágrimas de cólera e amargura, Simão adiantou-se para o Cristo, à maneira do menino necessitado de proteção, e bradou:

— Mestre, Mestre!... Que fazer?!...

Jesus, porém, acolheu-o amorosamente nos braços e murmurou:

— Pedro, não julguemos para não sermos julgados. Aprendamos, contudo, a discernir.

~ 15 ~
O enigma da obsessão

Comentávamos em círculo íntimo o inquietante enigma da obsessão na Terra, alinhando observações e apontamentos.

Por que motivo se empenham criaturas encarnadas e desencarnadas em terríveis duelos no santuário mental? Que a vítima arrancada ao corpo, em delito recente, prossiga imantada ao criminoso, quando a treva da ignorância lhe situa o espírito a distância do perdão, é compreensível, mas como interpretar os processos de metodizada perseguição no tempo? Como entender o ódio de certas entidades, acerca de crianças e jovens, de enfermos e velhinhos? Por que a ofensiva persistente dos gênios perversos, através de reencarnações numerosas e incessantes?

No mundo, os assalariados do mal comprometem-se ao redor de escuros objetivos...

Há quem se renda às tentações do dinheiro, do poder político, das honras sociais e dos prazeres subalternos, mas em derredor de que razões lutam as almas desenfaixadas da carne se para elas semelhantes valores convencionais de posse não mais existem?

Longa série de "porquês" empolgava-nos a imaginação, quando Menés, otimista ancião do nosso grupo, à maneira de carinhoso avô, falou bem-humorado:

— A propósito do assunto, contarei a vocês um apólogo que nos pode conferir alguma ideia acerca do nosso imenso atraso moral.

E, tranquilo, narrou:

— Em épocas recuadas, numa cidade que os séculos já consumiram, os bois sentiram que também eram criaturas feitas por nosso Pai celestial, não obstante inferiores aos homens. Sentindo essa verdade, começaram a observar a crueldade com que eram tratados. O homem que, pela coroa de inteligência, devia protegê-los e educá-los, deles se valia para ingratos serviços de tração, sob golpes sucessivos de aguilhões e azorragues. Não se contentando com essa forma de exploração, escravizava-lhes as companheiras, furtando-lhes o leite dos próprios filhos, reservando-lhes à família e a eles próprios horrível destino no açougue. Se alguns deles hesitavam no trabalho comum, sofrendo com a tuberculose ou com a hepatite, eram, de pronto, encaminhados à morte e ninguém lhes respeitava o martírio final. Muitas pessoas compravam-lhes as vísceras cadavéricas ainda quentes, tostando-as ao fogo para churrascos alegres, enquanto outras lhes mergulhavam os pedaços sangrentos em panelas com água temperada, convertendo-os em saborosos quitutes para bocas famintas. Não conseguiam nem mesmo o direito à paz do túmulo, porque eram sepultados, aqui e ali, em estômagos malcheirosos e insaciáveis. Apesar de trabalharem exaustivamente para o homem, não conseguiam a mínima recompensa, uma vez que, depois de abatidos, eram despojados dos próprios chifres e dos próprios ossos, para fortalecimento da indústria... Magoados e aflitos, começaram a reclamar; contudo, os homens, embora portadores de belas virtudes potenciais, receavam viver sem o cativeiro dos bois. Como enfrentarem, sozinhos, as duras tarefas do arado? Como sustentarem a casa sem o leite? Como garantirem a tranquilidade do corpo sem a carne confortadora dos seres bovinos? O petitório era simpático, mas os bichos se mostravam tão nédios e tão tentadores que ninguém se arriscava à solução do problema. Depois de numerosas súplicas sem resposta, as vítimas da voracidade humana recorreram aos juízes; entretanto, os magistrados igualmente cultivavam a paixão do bife e do chouriço e não sabiam servir à justiça, sem as utilidades do leite e do couro dos animais. Assim, o impasse permaneceu sem alteração e qualquer touro mais arrojado que se referisse ao assunto, a destacar-se da subserviência em que se mantinha o rebanho, era apedrejado, espancado e conduzido, irremediavelmente, ao matadouro...

O venerável amigo fez longa pausa e acrescentou:

— Essa é a luta multissecular entre encarnados e desencarnados que se devotam ao vampirismo. Sem qualquer habilitação para a vida normal, fora do vaso físico, temem a grandeza do Universo e recuam apavorados, ante a glória do Espaço infinito, procurando a intimidade com os irmãos ainda envolvidos na carne, cujas energias lhes constituem precioso alimento à ilusão. É desse modo que as enfermidades do corpo e da alma se espalham nos mais diversos climas. Os homens, que se julgam distantes da harmonia orgânica sem o sacrifício dos animais, são defrontados por gênios invisíveis que se acreditam incapazes de viver sem o concurso deles. O enigma da obsessão, no fundo, é problema educativo. Quando o homem cumprir em si mesmo as leis superiores da bondade a que teoricamente se afeiçoa, deixará de ser um flagelo para a Natureza, convertendo-se num exemplo de sublimação para as entidades inferiores que o procuram... Então, a consciência particular inflamar-se-á na luz da consciência cósmica e os tristes espetáculos da obsessão recíproca desaparecerão da Terra... Até lá — concluiu, sorrindo —, reclamar contra a atuação dos Espíritos delinquentes, conservando em si mesmo qualidades talvez piores que as deles, é arriscar-se, como os bois, à desilusão e ao espancamento. O ímã que atrai o ferro não atrai a luz. Quem devora os animais, incorporando-lhes as propriedades ao patrimônio orgânico, deve ser apetitosa presa dos seres que se animalizam. Os semelhantes procuram os semelhantes. Esta é a lei.

Afastou-se Menés, com a serenidade sorridente dos sábios, e a nossa assembleia, dantes excitada e falastrona, calou-se, de repente, a fim de pensar.

~ 16 ~
O companheiro dos anjos

Quando Benjamin Paixão atingiu as bodas de prata com a filosofia consoladora dos Espíritos, experimentou indizível amargura.

Vinte e cinco anos de casamento com o Espiritismo Cristão e ainda se reconhecia impossibilitado de partilhar-lhe os serviços.

Em seu modo de ver, fora defrontado, em toda a parte, pela incompreensão, pelo desengano e pela discórdia.

Jamais pudera firmar-se em agrupamento algum.

Em razão disso, nessa noite, em vez de procurar o clube, segundo o velho hábito, dirigiu-se a certa instituição, em que pontificavam a boa vontade e a dedicação de Melásio, venerando guia espiritual.

Depois da prece de abertura dos trabalhos e quando o abnegado amigo invisível passou a comandar a assembleia, por intermédio de uma senhora, Benjamim exclamou em voz súplice:

— Melásio, a data de hoje assinala o vigésimo quinto aniversário de meu ingresso na Doutrina. Prestimoso irmão, oriente-me, ensine-me! Onde encontrarei a comunidade que se afine comigo? Onde estão aqueles com os quais devo realizar a tarefa que me cabe?

A entidade benevolente meditou alguns minutos e acentuou, sem qualquer sinal de reprimenda:

— Vinte e cinco anos de Espiritismo evangélico, sem trabalho definido, é condição muito grave para a alma.

E, modificando o tom de voz, observou:

— Benjamim, alguns passos além de seu lar, há um templo de caridade...

Paixão interceptou-lhe a palavra e clamou:

— Já sei. É um posto avançado de personalismo em dissidências constantes. Entre os que ali ensinam e aprendem não se sabe qual o pior.

O guia refletiu, por instantes, e obtemperou:

— Dentre seus amigos você tem o Pereira, que vem trabalhando, com valor, a benefício dum orfanato...

O interlocutor aparteou irreverente:

— Ah! o Pereira! Nunca vi homem mais agarrado ao dinheiro. É avarento sórdido.

Melásio não se deu por aborrecido e aventou:

— Não sei se já entrou em contato com os serviços de dona Soledade, a estimada médium da pobreza. Reside justamente no caminho de sua repartição...

Benjamim fixou um gesto de enfado e desabafou:

— Dona Soledade mata a paciência de qualquer um. É mulher despótica e arbitrária. Não posso entender a sua referência.

O Benfeitor silenciou, por momentos, e voltou a dizer:

— O irmão Carvalho, seu vizinho, organizou interessantes atividades de cura para obsidiados. Quem sabe...

Paixão, contudo, alegou irônico:

— O Carvalho é homem de moral duvidosa. É mesmo incrível não se saiba, na vida espiritual, que ele possui mais de uma família.

O guia, porém, considerou com a mesma calma:

— A senhora Silva, não longe de sua residência, vem protegendo os velhos de um asilo e...

— Aquela dama é um poço de vaidade — atalhou Benjamim, intempestivo —, entrincheirou-se dentro do próprio "eu" e não aceita a cooperação de ninguém.

O tolerante amigo ponderou então:

— Em seu trabalho, você conhece o Ladeira, que mantém valioso culto doméstico do Evangelho, junto ao qual muitos doentes encontram alívio...

— O Ladeira? — gritou Paixão, sarcástico. — Aquilo é a petulância em pessoa. Absorveu o Espiritismo todo. A Doutrina é ele só.

Com invejável bondade, o condutor da reunião interrogou cristãmente:

— Conhece você as sessões do Soares, em seu bairro?

— Há muito tempo — redarguiu, azedamente, o descortês visitante. — Soares é um espertalhão. Quando os guias da casa não aparecem, dispõe-se a substituí-los, sem qualquer escrúpulo. Vive de infindáveis trapaças, morando num palácio, à custa da ingenuidade alheia.

Nesse ponto do diálogo, Melásio entrou em profundo silêncio, e, não se acreditando vencido na argumentação, Benjamim voltou a pedir em voz enternecedora:

— Dedicado amigo, ajude-me! Preciso trabalhar e progredir na obra da verdade e do bem. Não me negue as diretrizes necessárias!...

O benfeitor, contudo, embora se mostrasse sorridente, respondeu, com inflexão de energia:

— Paixão, ofereci a você sete sugestões de trabalho que foram recusadas. Segundo os ensinamentos de que dispomos, o remédio se destina ao doente e o socorro àqueles que o reclamam pela posição de ignorância ou sofrimento. O Espiritismo solicita o esforço e o concurso dos homens de boa vontade e de entendimento fraternal que se amparem uns aos outros; entretanto, ao que me parece, você é o companheiro dos Anjos, e os Anjos, meu amigo, estão muito distanciados de nós. É provável possamos colaborar no roteiro de ação para o seu Espírito, contudo, é mais razoável que você nos procure quando tiver duas asas.

~ 17 ~
O homem que não se irritava

Existiu um rei, amigo da sabedoria, que, depois de grande trabalho para subjugar a natureza inferior, convidou um filósofo para socorrê-lo no aperfeiçoamento da palavra. Conseguira indiscutível progresso na arte de sublimar-se. Fizera-se portador de primorosa cultura e, tanto no ministério público, quanto na vida privada, caracterizava-se por largos gestos de bondade e inteligência. Fazia quanto lhe era possível para exercer a justiça, segundo os padrões da reta consciência, e demonstrava inexcedível carinho na defesa e proteção do povo, por meio de reiteradas distribuições de lã e trigo, a fim de que as pessoas menos favorecidas pela fortuna não sofressem frio ou fome. Não sabia acumular tesouros exclusivamente para si e, em razão disso, obedecendo às virtudes sociais de que se fizera o exemplo vivo, instituíra escolas e abrigos e incentivara a indústria e a lavoura, desejando que todos os súditos, ainda os mais humildes, encontrassem acesso à educação e à prosperidade.

No círculo das manifestações pessoais, contudo, o valoroso monarca se sentia atrasado e hesitante.

Não sabia disfarçar a cólera, não continha a franqueza rude e nem sopitava o mau humor.

Admirado e querido pelas qualidades sublimes que pudera fixar na personalidade, sofria, no entanto, a mágoa e a desconfiança de muitos que passaram a temer-lhe a frase contundente.

Interessado, porém, na própria melhoria, solicitou ao filósofo que lhe acompanhasse a lide cotidiana.

Quando se descontrolava, caindo nas amargas consequências do verbo impensado, o orientador observava, com humildade:

— Poderoso senhor, tenha paciência e continue trabalhando no aprimoramento das próprias manifestações. A expressão serena e sábia revela grandeza interior que reclama tempo para ser devidamente consolidada. Quem alcança a ciência de falar pode conviver com os Anjos, porque a palavra é, sem dúvida, a continuação de nós mesmos.

O monarca não se conformava e, em desespero passivo, confiava-se a rigoroso silêncio, que prejudicava consideravelmente os negócios do reino.

De semelhante posição vinha roubá-lo o filósofo, advertindo, respeitoso:

— Amado soberano, a extrema quietude pode traduzir traição aos nossos deveres. A pretexto de nos reformarmos espiritualmente, não será lícito desprezar os nossos compromissos com o progresso comum. Fale sempre e não desdenhe agir! O verbo é a projeção do pensamento criador.

O rei voltava a conversar, beneficiando o extenso domínio que lhe cabia dirigir, mas lá chegava outro momento em que se perdia na indignação excessiva, humilhando e ferindo ministros e vassalos a que desejaria ajudar sinceramente.

Lamentando-se, aflito, vinha o filósofo conselheiral, afirmando, prestimoso:

— Grande soberano, tenha paciência consigo mesmo. O reajustamento da alma não é obra para um dia. Prossiga, esforçando-se. Toda realização pede o concurso abençoado das horas... O rio deixaria de existir sem a congregação das gotas... Guarde calma, muita calma e não desanime...

O monarca, no entanto, desacoroçoado, depois de regular experimentação com o filósofo, exonerou-o das funções que ocupava e expediu dois emissários às suas províncias extensas para que trouxessem ao palácio algum homem incapaz de se irritar. Pretendia entrar em contato com o espírito mais equilibrado de suas terras, a fim de melhor orientar-se no autoburilamento.

Os mensageiros iniciaram as investigações, mas impacientavam-se desiludidos. O homem que observavam ponderado na via pública era colérico no lar. Quem se revelava gentil em casa costumava irar-se na rua. Alguns se mostravam distintos e agradáveis junto da família consanguínea, todavia, eram azedos no trato social. Diversos exibiam formosa máscara de serenidade com os estranhos, no entanto, dirigiam-se aos domésticos com deplorável aspereza.

Depois de trinta dias de porfiada pesquisa, descobriram, jubilosos, o homem que nunca se exasperava.

Seguiram-no, cuidadosamente, em toda parte.

Nunca falava alto e mantinha silêncio comovedor, no domicílio que lhe era próprio e fora dele.

Durante quatro semanas foi examinado sob atenção vigilante, não perdendo um til na conduta irrepreensível.

Trabalhava, movimentava-se, alimentava-se e atendia aos menores deveres, imperturbavelmente.

Apressaram-se os mensageiros em levar a boa-nova ao monarca, e o rei, satisfeito, convocou assessores e áulicos de sua casa para receber a personagem admirável, com a dignidade que lhe era devida.

O vassalo venturoso foi trazido à real presença, entretanto, quando o soberano lhe dirigiu a palavra, esperando encontrar um anjo num corpo de carne, verificou, sob indefinível assombro, que o homem incapaz de irritar-se era mudo.

Sob o respeito manifesto de todos, o rei sorriu, desapontado, e mandou buscar novamente o filósofo, resignando-se a ter paciência consigo mesmo, a fim de aprender a conquistar-se pouco a pouco.

~ 18 ~
No caminho do amor

Em Jerusalém, nos arredores do Templo, adornada mulher encontrou um nazareno, de olhos fascinantes e lúcidos, de cabelos delicados e melancólico sorriso, e fixou-o estranhamente.

Arrebatada na onda de simpatia a irradiar-se dele, corrigiu as dobras da túnica muito alva, colocou no olhar indizível expressão de doçura e, deixando perceber, nos meneios do corpo frágil, a visível paixão que a possuíra de súbito, abeirou-se do desconhecido e falou ciciante:[6]

— Jovem, as flores de Séforis encheram-me a ânfora do coração com deliciosos perfumes. Tenho felicidade ao teu dispor, em minha loja de essências finas...

Indicou extensa vila, cercada de rosas, à sombra de arvoredo acolhedor, e ajuntou:

— Inúmeros peregrinos cansados me buscam à procura do repouso que reconforta. Em minha primavera juvenil, encontram o prazer que representa a coroa da vida. É que o lírio do vale

---
[6] N.E.: sussurrante.

não tem a carícia dos meus braços, e a romã saborosa não possui o mel de meus lábios. Vem e vê! Dar-te-ei leito macio, tapetes dourados e vinho capitoso... Acariciar-te-ei a fronte abatida e curar-te-ei o cansaço da viagem longa! Descansarás teus pés em água de nardo e ouvirás, feliz, as harpas e os alaúdes de meu jardim. Tenho a meu serviço músicos e dançarinas, exercitados em palácios ilustres!...

Ante a incompreensível mudez do viajor, tornou, súplice, depois de leve pausa:

— Jovem, por que não respondes? Descobri em teus olhos diferente chama e assim procedo por amar-te. Tenho sede de afeição que me complete a vida. Atende! atende!...

Ele parecia não perceber a vibração febril com que semelhantes palavras eram pronunciadas e, notando-lhe a expressão fisionômica indefinível, a vendedora de essências acrescentou um tanto agastada:

— Não virás?

Constrangido por aquele olhar esfogueado, o forasteiro apenas murmurou:

— Agora, não. Depois, no entanto, quem sabe?!...

A mulher, ajaezada de enfeites, sentindo-se desprezada, prorrompeu em sarcasmos e partiu.

~

Transcorridos dois anos, quando Jesus levantava paralíticos, ao pé do Tanque de Betesda,[7] venerável anciã pediu-lhe socorro para infeliz criatura, atenazada de sofrimento.

O Mestre seguiu-a, sem hesitar.

---

[7] N.E.: local referido na *Bíblia* mencionado somente no Novo Testamento (João, 5). Nos tempos bíblicos, este local havia sido transformado num grande centro de peregrinação para pessoas que pretendiam obter cura por intermédio dos alegados poderes curativos das suas águas. Este reservatório ou tanque ficava perto da Porta das Ovelhas, na zona Norte de Jerusalém. Segundo o relato bíblico, ali aconteceu uma das curas de Jesus, a do paralítico.

Num pardieiro denegrido, um corpo chagado exalava gemidos angustiosos.

A disputada mercadora de aromas ali se encontrava carcomida de úlceras, de pele enegrecida e rosto disforme. Feridas sanguinolentas pontilhavam-lhe a carne, agora semelhante ao esterco da terra. Exceção dos olhos profundos e indagadores, nada mais lhe restava da feminilidade antiga. Era uma sombra leprosa, de que ninguém ousava se aproximar.

Fitou o Mestre e reconheceu-o.

Era o mesmo mancebo nazareno, de porte sublime e atraente expressão.

O Cristo estendeu-lhe os braços, tocado de intraduzível ternura e convidou:

— Vem a mim, tu que sofres! Na casa de meu Pai, nunca se extingue a esperança.

A interpelada quis recuar, conturbada de assombro, mas não conseguiu mover os próprios dedos, vencida de dor.

O Mestre, porém, transbordando compaixão, prosternou-se fraternal, e conchegou-a, de manso...

A infeliz reuniu todas as forças que lhe sobravam e perguntou, em voz reticenciosa e dorida:

— Tu?... O Messias nazareno?... O Profeta que cura, reanima e alivia?!... Que vieste fazer, junto de mulher tão miserável quanto eu?

Ele, contudo, sorriu benevolente, retrucando apenas:

— Agora, venho satisfazer-te os apelos.

E, recordando-lhe as palavras do primeiro encontro, acentuou compassivo:

— Descubro em teus olhos diferente chama e assim procedo por amar-te.

~ 19 ~
A divina visão

Muitos anos orara certa devota, implorando uma visão do Senhor.

Mortificava-se. Aflitivas penitências alquebraram-lhe o corpo e a alma. Exercitava não somente rigorosos jejuns. Confiava-se a difícil adestramento espiritual e entesourara no íntimo preciosas virtudes cristãs. Em verdade, a adoração impelira-a ao afastamento do mundo. Vivia segregada, quase sozinha. Mas a humildade pura lhe constituía cristalina fonte de piedade. A oração convertera-se-lhe na vida em luz acesa. Renunciara às posses humanas. Mal se alimentava. Da janela ampla de seu alto aposento, convertido em genuflexório,[8] fitava a amplidão azul, entre preces e evocações. Muitas vezes notava que largo rumor de vozes vinha de baixo, da via pública. Não se detinha, porém, nas tricas dos homens. Aprazia-lhe cultivar a fé sem mácula, faminta de integração com o divino Amor.

---

[8] N.E.: nas capelas e oratórios, móvel para rezar, em forma de cadeira, com estrado baixo para ajoelhar, e encosto alto, sobre o qual se pousam os braços e o livro de orações.

Em muitas ocasiões, olhos lavados em lágrimas, inquiria, súplice, ao Alto:

— Mestre, quando virás?

Findo o colóquio sublime, voltava aos afazeres domésticos. Sabia consagrar-se ao bem das pessoas que lhe eram queridas. Carinhosamente distribuía a água e o pão à mesa. Em seguida, entregava-se à edificante leitura de páginas seráficas. Mentalizava o exemplo dos santos e pedia-lhes força para conduzir a própria alma ao divino Amigo.

Milhares de dias alongaram-lhe a expectação.

Rugas enormes marcavam-lhe, agora, o rosto. A cabeleira, dantes basta e negra, começava a encanecer.

De olhos pousados no firmamento, meditava sempre, aguardando a visita celestial.

Certa manhã ensolarada, sopitando a emoção, viu que um ponto luminoso se formara no Espaço, crescendo... crescendo... até que se transformou na excelsa figura do Benfeitor eterno.

O Inesquecível amado como que lhe vinha ao encontro.

Que preciosa mercê lhe faria o Salvador? Arrebatá-la-ia ao paraíso? Enriquecê-la-ia com o milagre de santas revelações?

Extática, balbuciando comovedora súplica, reparou, no entanto, que o Mestre passou junto dela, como se lhe não percebesse a presença. Entre o desapontamento e a admiração, viu que Jesus parara mais adiante, na intimidade com os pedestres distraídos.

Incontinente, contendo a custo o coração no peito, desceu até à rua e, deslumbrada, abeirou-se dele e rogou genuflexa:

— Senhor, digna-te receber-me por escrava fiel!... Mostra-me a tua vontade! Manda e obedecerei!...

O Embaixador divino afagou-lhe os cabelos salpicados de neve e respondeu:

— Ajuda-me aqui e agora!... Passará, dentro em pouco, pobre menino recém-nascido. Não tem pai que o ame na Terra e nem lar que o reconforte. Na aparência, é um rebento infeliz de apagada mulher. Entretanto, é valioso trabalhador do Reino de Deus, cujo futuro nos cabe prevenir. Ajudemo-lo, bem como a tantos outros irmãos necessitados, aos quais devemos amparar com o nosso amor e dedicação.

Logo após, por mais se esforçasse, ela nada mais viu.

O Mestre como que se fundira na neblina esvoaçante...

De alma renovada, porém, aguardou o momento de servir. E, quando infortunada mãe apareceu, sobraçando um anjinho enfermo, a serva do Cristo socorreu-a, de pronto, com alimentação adequada e roupa agasalhante.

Desde então, a devota transformada não mais esperou por Jesus, imóvel e zelosa, na janela do seu alto aposento. Depois de prece curta, descia para o trabalho à multidão desconhecida, na execução de tarefas aparentemente sem importância, fosse para lavar a ferida de um transeunte, para socorrer uma criancinha doente, ou para levar uma palavra de ânimo ou consolo.

E assim procedendo, radiante, tornou a ver, muitas vezes, o Senhor que lhe sorria reconhecido...

20
Ideias

Otávio Pereira, antigo orientador da sementeira evangélica, presidia simpática associação espiritista. Certa feita, violenta reação lhe assaltou a direção pacífica e produtiva.

— Aquelas diretrizes "carro de boi" — criticavam alguns — não serviam.

— Era necessário criar vida nova dentro da instituição, projetando-a além das quatro paredes — pontificavam outros.

— Otávio é orientador antiquado — asseveravam muitos — e vive circunscrito a preces, passes, comentários religiosos e sessões invariáveis.

Surpreendido, mas sereno, Pereira assentou medidas para a realização de uma assembleia, na qual os companheiros pudessem opinar livremente.

Concordava com os méritos do movimento e ele mesmo — repetia bondoso e humilde — seria o primeiro a colaborar na renovação imprescindível.

Constituída a grande reunião, o velho condutor assumiu a presidência dos trabalhos e abriu o debate franco, rogando aos amigos expusessem as ideias de que se faziam portadores.

O primeiro a falar foi o senhor Fonseca, que, enxugando frequentemente o suor da larga testa, expôs o plano de um orfanato modelar, por intermédio do qual a agremiação pudesse influenciar o ânimo do povo.

Finda a explanação veemente e florida, Pereira indagou, sem afetação, se o autor da ideia estava disposto a dirigir-lhe a realização, mas Fonseca afirmou, sem preâmbulos, que não contava com tempo para isso. Era empregado de uma companhia de seguros, e oito bocas, em casa, aguardavam dele o pão de cada dia.

Em seguida, levantou-se dona Malvina e falou largamente sobre a conveniência de fundarem uma escola, à altura moral da casa, com setores de alfabetização e ensino profissional.

Interpelada, porém, pelo orientador, quanto ao empenho de sua responsabilidade feminina no empreendimento, exclamou célere:

— Oh! eu? que graça! Tenho ideias, mas não tenho forças... Sou uma pecadora, um Espírito delinquente! Não tenho capacidade para ajudar ninguém.

Logo após, toma a palavra o senhor Fernandes, que encareceu a edificação de um departamento para a cura de obsidiados; contudo, quando Pereira lhe pediu aceitasse a incumbência da orientação, Fernandes explicou, desapontado:

— A ideia é minha, mas eu não disse que posso executá-la. Estou excessivamente fraco e, além disso, sinto-me inapto. Sou um doente, e há muito tempo estou de pé, em razão do socorro da Misericórdia divina.

Mal havia terminado, ergueu-se o irmão Ferreira, que lembrou a organização de um trabalho metódico de assistência aos enfermos e necessitados, com uma pessoa responsável e abnegada à frente da iniciativa.

Quando pelo mentor da instituição foi consultado sobre as probabilidades de sua atuação pessoal no feito em perspectiva, Ferreira informou, sem detença:

— Minha ideia resultou de inspiração do Alto, entretanto, sou portador de um carma pesado. Tenho a resgatar muitos crimes de outras encarnações. Não posso, não tenho merecimento...

E, de cérebro a cérebro, as ideias pululavam, sublimes e coloridas, entusiásticas e fascinantes, mas, de boca em boca, as confissões de ineficiência se sucediam, multiformes.

Alguns se revelavam doentes, outros cansados, muitos se declaravam absorvidos de inquietações domésticas e não poucos se diziam dominados por monstruosas imperfeições.

A assembleia parecia trazer fogo no raciocínio e gelo no sentimento.

Quando os trabalhos atingiram a fase final, depois de compridas conversações, sem proveito, Pereira, sorrindo, comentou breve:

— Meus irmãos, nossa casa, sem dúvida, precisa movimentar-se, avançar e progredir; entretanto, como poderá o corpo adiantar-se, quando as mãos e os pés se mostram inertes? Todos possuímos ideias fulgurantes e providenciais, todavia, onde está a nossa coragem de materializá-las? Quando os membros se demoram paralíticos, o pensamento não faz outra coisa senão imaginar, orar, vigiar e esperar... Sou o primeiro a reconhecer o imperativo de nossa expansão, lá fora, no grande mundo das consciências, no entanto, até que sejamos o conjunto harmonioso de peças vivas, na máquina da caridade e da educação, como veículos irrepreensíveis do bem, não disponho de outro remédio senão aguardar o futuro, no Espiritismo das quatro paredes...

E, diante da estranha melancolia que dominou a sala, apagou-se o brilho faiscante das ideias, sob o orvalho das lágrimas com que Pereira encerrou a sessão.

~ 21 ~
# O encontro divino

Quando o cavaleiro D'Arsonval, valoroso senhor em França, ausentou do medievo domicílio, pela primeira vez, de armadura fulgindo ao Sol, dirigia-se à Itália para solver urgente questão política.

Eminente cristão trazia consigo um propósito central — servir ao Senhor, fielmente, para encontrá-lo.

Não longe de suas portas, viu surgir, de inesperado, ulceroso mendigo a estender-lhe as mãos descarnadas e súplices.

Quem seria semelhante infeliz a vaguear sem rumo?

Preocupava-o serviço importante, em demasia, e, sem se dignar fixá-lo, atirou-lhe a bolsa farta.

O nobre cavaleiro tornou ao lar e, mais tarde, menos afortunado nos negócios, deixou, de novo, a casa.

Demandava a Espanha, em missão de prelados amigos, aos quais se devotava.

No mesmo lugar, postava-se o infortunado pedinte, com os braços em rogativa.

O fidalgo, intrigado, revolveu grande saco de viagem e dele retirou pequeno brilhante, arremessando-o ao triste caminheiro que parecia devorá-lo com o olhar.

Não se passou muito tempo e o castelão, menos feliz no círculo das finanças, necessitou viajar para a Inglaterra, onde pretendia solucionar vários problemas alusivos à organização doméstica.

No mesmo trato de solo, é surpreendido pelo amargurado leproso, cuja velha petição se ergue no ar.

O cavaleiro arranca do chapéu estimada joia de subido valor e projeta-a sobre o conhecido romeiro, orgulhosamente.

Decorridos alguns meses, o patrão feudal se movimenta na direção de porto distante, em busca de precioso empréstimo, destinado à própria economia, ameaçada de colapso fatal, e, no mesmo sítio, com rigorosa precisão, é interpelado pelo mendigo, cujas mãos, em chaga aberta, voltam-se ansiosas para ele.

D'Arsonval, extremamente dedicado à caridade, não hesita. Despe fino manto e entrega-o, de longe, receando-lhe o contato.

Depois de um ano, premido por questões de imediato interesse, vai a Paris invocar o socorro de autoridades e, sem qualquer alteração, é defrontado pelo mesmo lázaro, de feição dolorida, que lhe repete a antiga súplica.

O castelão atira-lhe um gorro de alto preço, sem qualquer pausa no galope, em que seguia, presto.

Sucedem-se os dias e o nobre senhor, num ato de fé, abandona a respeitada residência, com séquito festivo.

Representará os seus, à expedição de Godofredo de Bouillon,[9] na cruzada com que se pretende libertar os lugares santos.

No mesmo ângulo da estrada, era aguardado pelo mendigo, que lhe reitera a solicitação em voz mais triste.

---

[9] N.E.: (1061–1100), nobre e militar franco, duque de Basse-Lorraine (1089–1095), senhor de Bulhão (1076–1096), um dos líderes da Primeira Cruzada e o primeiro soberano do Reino Latino de Jerusalém. Ele nunca usou o título de rei (que somente aparece sob seu sucessor), e contentou-se com o de Duque e Defensor do Santo Sepulcro.

O ilustre viajor dá-lhe, então, rico farnel, sem oferecer-lhe a mínima atenção.

E, na Palestina, D'Arsonval combateu valorosamente, caindo, ferido, em poder dos adversários.

Torturado, combalido e separado de seus compatriotas, por anos a fio, padeceu miséria e vexame, ataques e humilhações, até que, um dia, homem convertido em fantasma, torna ao lar que não o reconhece.

Propalada a falsa notícia de sua morte, a esposa deu-se pressa em substituí-lo, à frente da casa, e seus filhos, revoltados, soltaram cães agressivos que o dilaceraram, cruelmente, sem comiseração para com o pranto que lhe escorria dos olhos semimortos.

Procurando velhas afeições, sofreu repugnância e sarcasmo.

Interpretado, agora, à conta de louco, o ex-fidalgo, em sombrio crepúsculo, ausentou-se, em definitivo, a passos vacilantes...

Seguir para onde? O mundo era pequeno demais para conter-lhe a dor.

Avançava, penosamente, quando encontrou o mendigo.

Relembrou a passada grandeza e atentou para si mesmo, qual se buscasse alguma coisa para dar.

Contemplou o infeliz pela primeira vez e, cruzando com ele o olhar angustiado, sentiu que aquele homem, chagado e sozinho, devia ser seu irmão. Abriu os braços e caminhou para ele, tocado de simpatia, como se quisesse dar-lhe o calor do próprio sangue. Foi, então, que, recolhido no regaço do companheiro que considerava leproso, dele ouviu as sublimes palavras:

— D'Arsonval, vem a mim! Eu sou Jesus, teu amigo. Quem me procura no serviço ao próximo mais cedo me encontra... Enquanto me buscavas à distância, eu te aguardava, aqui tão perto! Agradeço o ouro, as joias, o manto, o agasalho e o pão que me deste, mas há muitos anos te estendia os meus braços, esperando o teu próprio coração!...

O antigo cavaleiro nada mais viu senão vasta senda de luz, entre a Terra e o Céu...

Mas, no outro dia, quando os semeadores regressavam às lides do campo, sob a claridade da aurora, tropeçaram no orvalhado caminho com um cadáver.

D'Arsonval estava morto.

~ 22 ~
A conduta cristã

Ibraim ben Azor, o cameleiro, entrou na residência acanhada de Simão e, à frente do Cristo, que o fitava de olhos translúcidos, pediu instruções da Boa Nova, ao que Jesus respondeu com a doçura habitual, tecendo considerações preciosas e simples, a respeito do Reino de Deus no coração dos homens.

— Mestre — perguntou Ibraim, desejando conhecer as normas evangélicas —, na hipótese de aceitar a Nova Revelação, como me comportarei perante as criaturas de má-fé?

— Perdoarás e trabalharás sempre, fazendo quanto possível para que se coloquem no nível de tua compreensão, desculpando-as e amparando-as, infinitamente.

— E se me cercarem todos os dias?

— Continuarás perdoando e trabalhando a benefício delas.

— Mestre — invocou Ibraim, admirado —, a calúnia é um braseiro a requeimar-nos o coração... Admitamos que tais pessoas me vergastem com frases cruéis e apontamentos injustos...

Como proceder quando me enlamearem o caminho, atirando-me flechas incendiadas?

— Perdoarás e trabalharás sem descanso, possibilitando a renovação do pensamento que a teu respeito fazem.

— E se me ferirem? Se a violência me sujeitar à poeira, e a traição me golpear pelas costas? Se meu sangue correr, em louvor da perversidade?

— Perdoarás e trabalharás, curando as próprias chagas, com a disposição de servir, invariavelmente, na certeza de que as leis do justo Juiz se cumprirão sem prejuízo dum ceitil.

— Senhor — clamou o consulente desapontado —, e se a pesada mão dos ignorantes ameaçar-me a casa? se a maldade perseguir-me a família, dilacerando os meus nos interesses mais caros?

— Perdoarás e trabalharás a fim de que a normalidade se reajuste sem ódios, compreendendo que há milhões de seres na Terra fustigados por aflições maiores que a tua, cabendo-nos a obrigação de auxiliar, não somente os que se fazem detentores do nosso benquerer, mas também a todos os irmãos em Humanidade que o Pai nos recomenda amar e ajudar, incessantemente.

Ibraim, assombrado, indagou de novo:

— Senhor, e se me prenderem por homicida e ladrão, sem que eu tenha culpa?

— Perdoarás e trabalharás, agindo sempre segundo as sugestões do bem, convencido de que o homem pode encarcerar o corpo, mas nunca algemará a ideia pura, nobre e livre.

— Mestre — prosseguiu o cameleiro, intrigado —, e se me prostrarem no leito? Se me crivarem de úlceras, impossibilitando-me qualquer ação? Como trabalhar de braços imobilizados, quando nos resta apenas o direito de chorar?

— Perdoarás e trabalharás com o sorriso da paciência fiel, cultivando a oração e o entendimento no espírito edificado, confiando na proteção do Pai celestial que envia socorro e alimento aos próprios vermes anônimos do mundo.

— Mestre, e se, por fim, me matarem? Se depois de todos os sacrifícios aparecer a morte por estrada inevitável?

— Demandarás o túmulo, perdoando e trabalhando na ação gloriosa, em benefício de todos, conservando a paz sublime da consciência.

Entre estupefato e aflito, Ibraim voltou a indagar depois de alguns instantes:

— Senhor, e se eu conseguir tolerar os ignorantes e os maus, ajudando-os e recebendo-lhes os insultos como benefícios, oferecendo a luz pela sombra e o bem pelo mal, se encarar, com serenidade, os golpes arremessados contra os meus, se receber feridas e sarcasmos sem reclamação e se aceitar a própria morte, guardando sincera compaixão por meus algozes? Que lugar destacado me caberá diante da grandeza divina? Que título honroso exibirei?

Jesus, sem alterar-se, considerou:

— Depois de todos os nossos deveres integralmente cumpridos, não passamos de meros servidores, à face do Pai, a quem pertence o Universo, desde o grão de areia às estrelas distantes.

Ibraim, conturbado, levantou-se, chamou o dono da casa e perguntou a Pedro se aquele homem era realmente o Messias. E quando o pescador de Cafarnaum confirmou a identidade do Mestre, o cameleiro, carrancudo, qual se houvesse recebido grave ofensa, avançou para fora e seguiu para diante, sem dizer adeus.

~ 23 ~
Dívida e resgate

Na antevéspera do Natal de 1856, dona Maria Augusta Correia da Silva, senhora de extensos haveres, retornava à fazenda, às margens do Paraíba, após quase um ano de passeio repousante na Corte.

Acompanhada de numerosos amigos que lhe desfrutariam a festiva hospitalidade, a orgulhosa matrona, na tarde chuvosa e escura, recebia os 65 cativos de sua casa que, sorridentes e humildes, lhe pediam a bênção.

Na sala grande, nobremente assentada em velha poltrona sobre largo estrado que lhe permitisse mais amplo golpe de vista, fazia um gesto de complacência, a distância, para cada servidor que exclamava de joelhos:

— Louvado seja nosso Senhor Jesus Cristo, "sinhá"!

— Louvado seja! — acentuava dona Maria com terrível severidade a transparecer-lhe da voz.

Velhinhos de cabeça branca, homens rudes do campo, mulheres desfiguradas pelo sofrimento, moços e crianças desfilavam nas boas-vindas.

Contudo, em ângulo recuado, pobre moça mestiça, sustentando nos braços duas crianças recém-nascidas, sob a feroz atenção de capataz desalmado, esperava a sua vez.

Foi a última que se aproximou para a saudação.

A fazendeira soberana levantou-se, empertigada, chamou para junto de si o cérbero[10] humano que seguia de perto a jovem escrava, e, antes que a pobrezinha lhe dirigisse a palavra, falou-lhe, duramente:

— Matilde, guarde as crias na senzala e encontre-me no terreiro. Precisamos conversar.

A interpelada obedeceu sem hesitação.

E afastando-se do recinto, na direção do quintal, dona Maria Augusta e o assessor de azorrague em punho cochichavam entre si.

No grande pátio que a noite agora amortalhava em sombra espessa, a mãezinha infortunada veio atender à ordenação recebida.

— Acompanhe-nos! — determinou dona Maria, austeramente.

Guiadas pelo rude capitão do mato, as duas mulheres abordaram a margem do rio transbordante.

Nuvens formidandas coavam no céu os medonhos rugidos de trovões remotos...

Derramava-se o Paraíba, em soberbo espetáculo de grandeza, dominando o vale extenso.

Dona Maria pousou o olhar coruscante na mestiça humilhada e falou:

— Diga de quem são essas duas "crias" nascidas em minha ausência!

— De "nhô" Zico, "sinhá"!

— Miserável! — bradou a proprietária poderosa — meu filho não me daria semelhante desgosto. Negue essa infâmia!

— Não posso! Não posso!

---

[10] N.E.: na Grécia antiga, cão tricéfalo, guardião dos infernos.

A patroa encolerizada relanceou o olhar pela paisagem deserta e bramiu rouquenha:

— Nunca mais você verá essas crianças que odeio...

— Ah! "sinhá" — soluçou a infeliz —, não me separe dos meninos! Não me separe dos meninos! Pelo amor de Deus!...

— Não quero você mais aqui, e essas crias serão entregues à venda.

— Não me expulse "sinhá"! Não me expulse!

— Desavergonhada, de hoje em diante você é livre!

E depois de expressivo gesto para o companheiro, acentuou, irônica:

— Livre, poderá você trabalhar noutra parte para comprar esses rebentos malditos.

Matilde sorriu, em meio do pranto copioso, e exclamou:

— Ajude-me, "sinhá"!... Se é assim, darei meu sangue para reaver meus filhinhos...

Dona Maria Augusta indicou-lhe o Paraíba enorme e sentenciou:

— Você está livre, mas fuja de minha presença. Atravesse o rio e desapareça!

— "Sinhá", assim não! Tenha piedade de sua cativa! Ai, Jesus! Não posso morrer...

Mas, a um sinal da patroa, o capataz envilecido estalou o chicote no dorso da jovem, que oscilou, indefesa, caindo na corrente profunda.

— Socorro! Socorro, meu Deus! Valei-me, nosso Senhor! — gritou a mísera, debatendo-se nas águas.

Todavia, daí a instantes, apenas um cadáver de mulher descia rio abaixo, ante o silêncio da noite...

Cem anos passaram...

Na antevéspera do Natal de 1956, dona Maria Augusta Correia da Silva, reencarnada, estava na cidade de Passa Quatro, no sul de Minas Gerais.

Mostrava-se noutro corpo de carne, como quem mudara de vestimenta, mas era ela mesma, com a diferença de que, em vez de rica latifundiária, era agora apagada mulher, em rigorosa luta para ajudar o marido na defesa do pão.

Sofria no lar as privações dos escravos de outro tempo.

Era mãe, padecendo aflições e sonhos... Meditava nos filhinhos, ante a expectativa do Natal, quando a chuva, sobre o telhado, se fez mais intensa.

Horrível temporal desabava na região.

Alagara-se tudo em derredor da casa singela.

A pobre senhora, vendo a água invadir-lhe o reduto doméstico, avançou para fora, seguida do esposo e das crianças...

As águas, porém, subiam sempre em turbilhão envolvente e destruidor, arrastando o que se lhes opusesse à passagem.

Diante da ex-fazendeira erguia-se um rio inesperado e imenso e, em dado instante, esmagada de dor, ante a violenta separação do companheiro e dos pequeninos, tombou na caudal, gritando em desespero:

— Socorro! Socorro, meu Deus! Valei-me nosso Senhor!

Todavia, decorridos alguns momentos, apenas um cadáver de mulher descia corrente abaixo, ante o silêncio da noite...

∼

A antiga situante do Vale do Paraíba resgatou o débito que contraíra perante a Lei.

~ 24 ~
O aviso oportuno

— Não há maior alegria que a de doutrinar os Espíritos perturbados — dizia Noé Silva, austero orientador de antiga instituição destinada à caridade —, e não existe para mim lição maior que a dos campeões da mentira e da treva, quando desferem gritos de dor, ante a realidade.

Com a volúpia do pescador que recolhe o peixe, depois de longa expectativa, exclamava gritante:

— Afinal de contas, outro destino não poderiam esperar os sacripantas do mundo, agarrados ao ouro e aos prazeres, senão os padecimentos atrozes da incompreensão, além da morte.

Sorrindo, triunfante, rematava:

— E, acima de tudo, devem agradecer a Deus a possibilidade de encontrarem a minha palavra sincera e clara. Tenho bastante paciência para aturá-los e conduzi-los para a luz.

Era assim o rígido mentor das sessões. Alma franca e rude, demasiadamente convencido quanto aos próprios méritos.

Mas, na vida comum, Noé Silva transformava a lealdade em vestimenta agressiva. Junto dele, respirava-se uma atmosfera pesada, como se estivesse repleta de espinhos invisíveis.

Analfabeto da gentileza atirava os pensamentos que lhe vinham à cabeça qual se houvera recebido do Céu a triste missão de salientar os defeitos do próximo.

A palavra dele era uma chuva de seixos.

Se um companheiro demorava-se para a reunião, clamava colérico:

— Que estará fazendo esse hipócrita retardatário?

Se um médium não conseguia recursos para interpretar, com segurança, as tarefas que lhe cabiam nos trabalhos de assistência, indagava irritadiço:

— Que faltas terá cometido esse infeliz?

Se o condutor do ônibus parecia vacilar em certos momentos, bradava impulsivo:

— Desgraçado, cumpra o seu dever!

Se o rapaz de serviço, no café, cometia qualquer leve deslize, protestava exigente:

— Moço, veja lá onde tem a cabeça!... O senhor permanece aqui para servir...

Se alguém lhe trazia alguma confidência dolorosa, buscando entendimento e consolo, repetia severo:

— Meu irmão, quem planta colhe. Você não estaria sofrendo se não houvesse praticado o mal.

Na via pública, não hesitava. Se algum transeunte lhe impedia o passo rápido, dava serviço aos cotovelos, e, em seus trabalhos profissionais, era sobejamente conhecido pelas frases fortes com que despejava a sua vocação de fazer inimigos.

Se um irmão de ideal lhe exprobrava o procedimento, respondia célere:

— Se essa gente não puder entender-me as boas intenções, esperá-la-ei nas minhas preces. Depois da morte, todas as pessoas compreendem a verdade...

O tempo rolava, infatigável, quando, no vigésimo aniversário do agrupamento que dirigia, um dos orientadores desencarnados se manifesta, em sinal de regozijo, felicitando a todos.

Um carinho aqui, um abraço ali, o amigo espiritual confortava os presentes, mas, despedindo-se sem dizer palavra ao mentor da casa, Noé, desapontado, perguntou, ansiosamente:

— E para mim, meu irmão, não há qualquer mensagem?

O visitante sorriu e falou bem-humorado:

— Tenho, sim, tenho um recado para o seu coração. Não espere a morte para extinguir os desafetos. Cultive a plantação da simpatia, desde hoje. A nossa fé representa a Doutrina do Amor e a cordialidade é o princípio dela. Não se esqueça do verbo silencioso do bom exemplo, das lições de renúncia e dos ensinamentos vivos com adequadas demonstrações. Se você estima o Espiritismo prático, não olvide o Espiritismo praticado. Você está sempre disposto a doutrinar os ignorantes e os infelizes do Espaço, mas está superlotando o seu espaço mental com adversários que esperam gostosamente o tempo de doutriná-lo.

E num gesto de carinhosa fraternidade, rematou em seguida a pequena pausa:

— Noé, esvazie o cálice de fel, desde agora; diminua a reprovação e reduza a extensão do espinheiral... O nosso problema, meu caro, é o de não encher...

A sessão foi encerrada.

E enquanto os companheiros permutavam expressões de júbilo, o arrojado doutrinador, com a cabeça mergulhada nas mãos, permaneceu sozinho, sentado à mesa, pensando, pensando...

25
As rosas do infinito

Em deslumbrante paisagem da esfera superior, diversos mensageiros se congregavam em curioso certame. Procediam de lugares diversos e traziam flores para importante aferição de mérito.

Na praça enorme, pavimentada de substância semelhante ao jade, colunas multicores exibiam guirlandas de soberana beleza.

Rosas de todos os feitios e cravos soberbos, gerânios e glicínias, lírios e açucenas, miosótis e crisântemos exaltavam a Sabedoria do Criador em festa espetacular de cores e perfumes.

Envergando túnicas resplendentes, servidores espirituais iam e vinham, à espera dos juízes angélicos.

A exposição singular destinava-se à verificação da existência de luz divina, nos múltiplos exemplares que aí se alinhavam, salientando-se que os espécimes com maior teor de claridade celeste seriam conduzidos ao Trono do Eterno, como preito de amor e reconhecimento dos trabalhadores do bem.

Os julgadores não se fizeram esperados.

Quando a expectação geral se mostrava adiantada, três emissários da Majestade sublime atravessaram as portas de dourada filigrana e, depois das saudações afetuosas, iniciaram o trabalho que lhes competia. Aquele que detinha mais elevada posição hierárquica trazia nas mãos uma toalha de linho translúcido, o único apetrecho que certamente utilizaria na tarefa de análise das preciosidades expostas.

Cada ramo era seguido de pequena comissão representativa do serviço espiritual em que fora selecionado.

Aproximou-se o primeiro grupo, trazendo uma braçada de rosas, tecidas com as emoções do carinho materno que, lançadas à toalha surpreendente, expediram suaves irradiações em azul indefinível, e os Anjos abençoaram o devotamento das mães, que preservam os tesouros de Deus, na posição de heroínas desconhecidas.

Logo após, brilhante conjunto de Espíritos jubilosos deitou ao pano singular uma coroa de lírios, formados pelas vibrações de fervor das almas piedosas que se devotam nos templos ao culto da fé. Safirinas emanações cruzaram o espaço, e os celestes embaixadores louvaram os santos misteres de todos os religiosos do mundo.

Em seguida, alegre comissão juvenil trouxe a exame delicado ramalhete de açucenas, estruturadas nos sonhos e nas esperanças dos noivos que sabem guardar a bênção divina, e raios verdes de brilho intraduzível se projetaram em todas as direções, enquanto os emissários do Todo-Misericordioso entoaram encômios aos afetos santificantes das almas.

Lindas crianças foram portadoras de formosa auréola de jasmins, nascidos da ternura infantil, e que, depostos sobre a toalha miraculosa, emitiram alvíssima luz, semelhante a fios de aurora, incidindo sobre a neve.

Depois, pequeno agrupamento de criaturas iluminadas colocou, sob os olhos dos Anjos, bela grinalda de cravos rubros, colhidos na renunciação dos sábios e dos heróis, a serviço da

Humanidade, que exteriorizaram vermelhas emanações, quais se fossem constituídas de eterizados rubis.

E, assim, cada comissão submeteu ao trabalho seletivo as joias que trazia.

O devotamento dos pais, os laços esponsalícios, a dedicação dos filhos, o carinho dos verdadeiros amigos, a devoção de vários matizes ali se achavam magnificamente representados pelas flores cuja essência lhes correspondia.

Em derradeiro lugar, compareceu a mais humilde comissão da festa.

Quatro almas, revelando características de extrema simplicidade, surgiram com um ramo feio e triste. Eram rosas miradas, de cor arroxeada, mostrando pontos esbranquiçados à guisa de manchas, a desabrocharem ao longo de hastes espinhosas e repelentes. Depostas, no entanto, sobre a mágica toalha, inflamaram-se de luz solar, a irradiar-se do recinto à imensidão dos Céus.

Os três Anjos puseram-se de joelhos. Inesperada comoção encheu de lágrimas os olhos espantados da enorme assembleia. E porque alguns dos presentes chorassem, com interrogações imanifestas, o grande juiz do certame esclareceu emocionado:

— Estas flores são as rosas de amor que raros trabalhadores do bem cultivam nas sombras do inferno. São glórias do sentimento puro, da fraternidade real, da suprema consagração à virtude, porque somente as almas libertas de todo o egoísmo conseguem servir a Deus, na escória das trevas. Os acúleos que se destacam nas hastes agressivas simbolizam as dificuldades superadas, as pétalas roxas significam o arrependimento e a consolação dos que já se transferiram da desolação para a esperança, e os pontos alvos expressam o pranto mudo e aflitivo dos heróis anônimos que sabem servir sem reclamar...

E, entre cânticos de transbordante alegria, as rosas estranhas subiram rutilantes ao paraíso.

Ó vós, que lutais no caminho empedrado de cada dia, enxugai as lágrimas e esperai! As flores mais sublimes para o Céu nascem na Terra, onde os companheiros de boa vontade sabem viver para a vitória do bem, com o suor do trabalho incessante e com as lágrimas silenciosas do próprio sacrifício.

~ 26 ~
A última tentação

Dizem que Jesus, na hora extrema, começou a procurar os discípulos, no seio da agitada multidão que lhe cercava o madeiro, em busca de algum olhar amigo em que pudesse reconfortar o espírito atribulado...

Contemplou, em silêncio, a turba enfurecida.

Fustigado pelas vibrações de ódio e crueldade, qual se devera morrer, sedento e em chagas, sob um montão de espinhos, começou a lembrar os afeiçoados e seguidores da véspera...

Onde estariam seus laços amorosos da Galileia?...

Recordou o primeiro contato com os pescadores do lago e chorou.

A saudade amargurava-lhe o coração.

Por que motivo Simão Pedro fora tão frágil? Que fizera ele, Jesus, para merecer a negação do companheiro a quem mais se confiara?

Que razões teriam levado Judas a esquecê-lo? Como entregara, assim, ao preço de míseras moedas, o coração que o amava tanto?

Onde se refugiara Tiago, em cuja presença tanto se comprazia? Sentiu profunda saudade de Filipe e Bartolomeu, e desejou escutá-los.

Rememorou suas conversações com Mateus e refletiu quão doce lhe seria poder abraçar o inteligente funcionário de Cafarnaum, de encontro ao peito...

De reminiscência a reminiscência, teve fome da ternura e da confiança das criancinhas galileias que lhe ouviam a palavra, deslumbradas e felizes, mas os meninos simples e humildes que o amavam perdiam-se, agora, a distância...

Recordou Zebedeu e suspirou por acolher-se-lhe à casa singela.

João, o amigo abnegado, achava-se ali mesmo, em terrível desapontamento, mas precisava socorro para sustentar Maria, a angustiada Mãe, ao pé da cruz.

O Mestre desejava alguém que o ajudasse, de perto, em cujo carinho conseguisse encontrar um apoio e uma esperança...

Foi quando viu levantar-se, dentre a multidão desvairada e cega, alguém que Ele, de pronto, reconheceu. Era o mesmo Espírito perverso que o tentara no deserto, no pináculo do templo e no cimo do monte.

O gênio da sombra, de rosto enigmático, abeirou-se dele e murmurou:

— Amaldiçoa os teus amigos ingratos e dar-te-ei o reino do mundo! Proclama a fraqueza dos teus irmãos de ideal, a fim de que a justiça te reconheça a grandeza angélica e descerás, triunfante, da cruz!... Dize que os teus amigos são covardes e duros, impassíveis e traidores, e unir-te-ei aos poderosos da Terra para que domines todas as consciências. Tu sabes que, diante de Deus, eles não passam de míseros desertores...

Jesus escutou, com expressiva mudez, mas o pranto manou-lhe mais intensamente do olhar translúcido.

"Sim", pensava, "Pedro negara-o, mas não por maldade. A fragilidade do Apóstolo podia ser comparada à tenrura de uma oliveira nascente que, com os dias, se transforma no tronco robusto e nobre, a desafiar a implacável visita dos anos. Judas entregara-o, mas não por má-fé. Iludira-se com a política farisaica e julgara poder substituí-lo com vantagem nos negócios do povo".

Encontrou, no imo da alma, a necessária justificação para todos e parecia esforçar-se por dizer o que lhe subia do coração.

Ansioso, o Espírito das Trevas aguardava-lhe a pronúncia, mas o Cordeiro de Deus, fixando os olhos no céu inflamado de luz, rogou em tom inesquecível:

— Perdoa-lhes, Pai! Eles não sabem o que fazem!...

O príncipe das sombras retirou-se apressado.

Nesse instante, porém, em vez de deter-se na contemplação de Jerusalém dominada de impiedade e loucura, o Senhor notou que o firmamento rasgara-se, de alto a baixo, e viu que os Anjos iam e vinham, tecendo de estrelas e flores o caminho que o conduziria ao Trono celeste.

Uma paz indefinível e soberana estampara-se-lhe no semblante.

O Mestre vencera a última tentação e seguiria, agora, radiante e vitorioso, para a claridade sublime da ressurreição eterna.

~ 27 ~
Dar e deixar

Quando Cirilo Fragoso bateu às portas da esfera superior e foi atendido por um Anjo que velava, solícito, com surpresa verificou que seu nome não constava entre os esperados do dia.

— Fiz muita caridade — alegou irritadiço —, doei quanto pude. Protegi os pobres e os doentes, amparei as viúvas e os órfãos. Quanto fiz lhes pertence. Oh! Deus, onde a esperança dos que se entregaram às promessas do Cristo?

E passou a choramingar em desespero, enquanto o funcionário celestial, compadecidamente, lhe observava os gestos.

Fragoso traduzia o próprio pesar com a boca, no entanto, a consciência, como que instalada agora em seus ouvidos, instava com ele a recordar.

Inegavelmente, amontoara vultosos bens. Atingira retumbante êxito nos negócios a que se afeiçoara e desprendera-se do corpo terrestre no cadastro dos proprietários de grande expressão. Não conseguira visitar pessoalmente os necessitados, porque o tempo lhe minguava cada dia, na laboriosa tarefa de preservação da própria fortuna, jamais obtivera folgas para ouvir um indigente, nunca pudera dispensar um minuto às mulheres infelizes que lhe recorriam à casa, entretanto, prevendo a morte que se avizinhava, inflexível, organizara generoso testamento. E assim, agindo à pressa, não se esquecera das instituições piedosas das quais possuía vago conhecimento, inclusive as que ele pretendia criar. Por isso, em quatro dias, dotara-as todas com expressivos recursos, encomendando-se-lhes às preces.

Não se desfizera, pois, de tudo, para exercer o auxílio ao próximo? Não teria sido, porém, mais aconselhável praticar a beneficência, antes da atribulada viagem para o túmulo?

Notando que o coração e a consciência duelavam dentro dele, rogou à entidade angélica tomasse em consideração a legitimidade das suas demonstrações de virtude, reafirmando que a caridade por ele efetuada deveria ser passaporte justo ao acesso ao paraíso.

O benfeitor espiritual declarou respeitar-lhe o argumento, informando, porém, que só mediante provas tangíveis advogar-lhe-ia a causa com os poderes celestes. Trouxesse Fragoso a documentação positiva daquilo que verbalmente apontava e defender-lhe-ia a entrada no Paço da eterna Luz.

Cirilo deu-se pressa em voltar à Terra e, aflito, extraiu as notas mais importantes, com referência aos legados que fizera às associações pias, presentes e futuras, nas derradeiras horas do corpo, e retornou à presença do amigo espiritual, diante de quem leu em voz firme e confiante:

"Para os velhinhos de diversos refúgios, deixei quatrocentos mil cruzeiros.

Para os doentes de várias agremiações, deixei oitocentos mil cruzeiros.

Para a instalação de um hospital de câncer, deixei seiscentos mil cruzeiros.

Para a fundação do Instituto São Damião, em favor dos leprosos, deixei trezentos mil cruzeiros.

Para a assistência à infância desvalida, deixei quinhentos mil cruzeiros.

Para meus empregados, deixei quatro casas e seis lotes de terras, no valor de um milhão e duzentos mil cruzeiros.

Em mãos do meu testamenteiro, deixei, desse modo, a importância total de três milhões e oitocentos mil cruzeiros, para a realização de boas obras."

Terminada a leitura, reparou que o anjo não se mostrava satisfeito.

Em razão disso, perguntou ansioso:

— Não terei cumprido, assim, os preceitos de Jesus?

O interpelado, porém, aclarou triste:

— Fragoso, é preciso pensar. Segundo o Evangelho, bem-aventurado é aquele que dá com alegria. Mas, realmente, você não deu. Suas anotações não deixam margem a qualquer dúvida. Você simplesmente deixou. Deixou, porque não podia trazer.

E porque Cirilo entrasse em aflitiva expectativa, o Anjo rematou:

— Infelizmente, seu lugar, por enquanto, ainda não é aqui. "De conformidade com os ensinamentos do Mestre divino, onde situamos o tesouro de nossa vida aí guardaremos a própria alma. Seu testamento não exprime libertação. Quem dá, serve e passa. Quem deixa, larga provisoriamente. Você ainda não se exonerou das responsabilidades para com o dinheiro. Volte ao mundo e ampare aqueles a quem você confiou os bens que lhe foram emprestados pela Providência divina e, ajudando-os a usá-los na caridade verdadeira, você conhecerá, com experiência própria, o desprendimento da posse. A morte obrigou-o a deixar. Agora, meu amigo, cabe-lhe exercitar a ciência de dar com alma e coração."

Foi assim que Cirilo Fragoso, embora acabrunhado, regressou à esfera dos homens, em espírito, a fim de aprender a beneficência com alicerces na renúncia.

~ 28 ~
O conferencista atribulado

Naquela manhã ensolarada de domingo, Gustavo Torres, em seu gabinete de estudo, alinhava preciosos conceitos sobre a arte de ajudar.

Espiritualista consciencioso acreditava que a luta na Terra era abençoada escola de formação do caráter e, por isso, atendendo às exigências do próprio ideal, enfileirava, tranquilo, frases primorosas para o comentário evangélico que pretendia movimentar na noite seguinte.

Depois de renovadora prece, começou a escrever, sentidamente:

— O próximo, de qualquer procedência, é nosso irmão, credor de nosso melhor carinho.

— O caluniador é um teste de paciência.

— Quando somos vitimados pela ofensa, estamos recebendo de Jesus o bendito ensejo de auxiliar.

— Desesperação é chuva de veneno invisível.

— A desculpa constante é garantia de paz.

— Não olvides que a irritação, em qualquer parte, é fermento da discórdia.

— Suporta a dificuldade com valor, porque a provação é recurso demonstrativo de nossa fé.

— Se um irmão transviado te prejudica o interesse, recebe nele a tua valiosa oportunidade de perdoar.

— Se alguém aparece, como instrumento de aflição em tua casa, não fujas ao exercício da tolerância.

— A calma tonifica o espírito...

Nesse momento, a velha criada veio trazer o chocolate, sobre o qual, sem que ela percebesse, pousara pequena mosca, encontrando a morte.

Torres notou o corpo estranho e, repentinamente indignado, bradou para a servidora:

— Como se atreve a semelhante desconsideração? Acredita que eu deva engolir um mosquito deste tamanho?

Impressionada com o golpe que o patrão vibrara na bandeja, a pobre mulher implorou:

— Desculpe-me, senhor! A enfermidade ensombra-me os olhos...

— Se é assim — falou áspero —, fique sabendo que não preciso de empregados inúteis...

O conferencista da arte de ajudar ainda não dera o incidente por terminado, quando o recinto foi invadido pelo estrondo de um desmoronamento.

O condutor de um caminhão, num lance infeliz, arrojara a máquina sobre um dos muros da sua residência.

O dono da casa desceu para a via pública, como se fora atingido por um raio.

Abeirou-se do motorista mal trajado e gritou colérico:

— Criminoso! Que fizeste?

— Senhor — rogou o mísero —, perdoe-me o desastre. Pagarei as despesas da reconstrução. Tenho a cabeça tonta com a moléstia de meu filhinho, que agoniza, há muitos dias...

— Desgraçado! O problema é seu, mas o meu caso será entregue à polícia.

E quando Torres, possesso, usa o telefone, discando para o delegado de plantão, meninos curiosos invadiam-lhe o jardim bem tratado, esmagando a plantação de cravos que lhe exigira imenso trabalho na véspera.

Exasperado, avançou para as crianças, ameaçando:

— Vagabundos! Larápios! Rua, rua!... Fora daqui!... Fora daqui!...

Daí a instantes, policiais atenciosos cercavam-lhe o domicílio e Torres regressou ao gabinete, qual se estivesse acordando de um pesadelo...

Da mesa, destacava-se minúsculo cartaz, em que releu o formoso dístico aí grafado por ele mesmo: "Quando Jesus domina o coração, a vida está em paz."

Atribulado, sentou-se.

Deteve-se novamente na frase preciosa que escrevera, reconheceu quão fácil é ensinar com as palavras e quão difícil é instruir com os exemplos e, envergonhado, passou a refletir...

~ 29 ~
No reino das borboletas

À beira de um charco, formosa borboleta, fulgurando ao crepúsculo, pousou sobre um ninho de larvas e falou para as pequeninas lagartas, atônitas:

— Não temais! Sou eu... uma vossa irmã de raça!... Venho para comunicar-vos esperança. Nem sempre permanecereis coladas à erva do pântano! Tende calma, fortaleza, paciência!... Esforçai-vos por não sucumbir aos golpes da ventania que, de quando em quando, varre a paisagem. Esperai! Depois do sono que vos aguarda, acordareis com asas de puro arminho, refletindo o esplendor solar... Então, não mais vos arrastareis presas ao solo úmido e triste. Adquirireis preciosa visão da vida! Subireis muito alto e vosso alimento será o néctar das flores... Viajareis deslumbradas, contemplando o mundo, sob novo prisma!... Observareis o sapo que nos persegue, castigado pela serpente que o destrói, e vereis a serpente que fascina o sapo, fustigada pelas armas do homem!...

Enquanto a mensageira se entregava a ligeira pausa de repouso, ouviam-se exclamações admirativas:

— Ah! não posso crer no que vejo!
— Que misteriosa e bela criatura!...
— Será uma fada milagrosa?
— Nada possui de comum conosco...

Irradiando o suave aroma do jardim em que se demorara, a linda visitante sorriu e continuou:

— Não vos confieis à incredulidade! Não sou uma fada celeste! Minhas asas são parte integrante da nova forma que a Natureza vos reserva. Ontem, vivia convosco; amanhã, vivereis comigo! Equilibrar-vos-eis no imenso espaço, desferindo voos sublimes à plena luz! Libertadas do chavascal, elevar-vos-eis, felizes! Conhecereis a beleza das copas floridas e o saboroso licor das pétalas perfumadas, a delícia da altura e a largueza do firmamento!...

Logo após, lançando carinhoso olhar à família alvoroçada, distendeu o corpo colorido e, volitando, graciosa, desapareceu.

Nisso chega ao ninho a lagarta mais velha do grupo, que andava ausente, e, ouvindo as entusiásticas referências das companheiras mais jovens, ordenou, irritada:

— Calem-se e escutem! Tudo isso é insensatez... Mentiras, divagações... Fujamos aos sonhos e aos desvarios. Nunca teremos asas. Ninguém deve filosofar... Somos lagartas, nada mais que lagartas. Sejamos práticas, no imediatismo da própria vida. Esqueçam-se de pretensos seres alados que não existem. Desçam do delírio da imaginação para as realidades do ventre! Abandonaremos este lugar, amanhã. Encontrei a horta que procurávamos... Será nossa propriedade. Nossa fortuna está no pé de couve que passaremos a habitar. Devorar-lhe-emos todas as folhas... Precisamos simplesmente comer, porque, depois, será o sono, a morte e o nada... nada mais...

Calaram-se as larvas, desencantadas.

Caiu a noite e, em meio à sombra, a lagarta-chefe adormeceu, sem despertar no outro dia. Estava ela completamente imóvel.

As irmãs, preocupadas, observavam curiosas o fenômeno e puseram-se na expectativa.

Findo algum tempo, com infinito assombro, repararam que a orgulhosa e descrente orientadora se metamorfoseara numa veludosa falena, voejante e leve...

~

Anotando a lição breve e simples, creio que há muitos pontos de contato entre o reino dos homens e o reino das borboletas.

~ 30 ~
O escriba enganado

Achava-se o Mestre em casa de Pedro, contudo, em localidades diversas, em derredor do grande lago, propalava-se-lhe a Boa Nova. Comentavam-se-lhe as preleções qual se fora ele um príncipe desconhecido, chamado à restauração nacionalista.

Se aparecia em público, era apontado como revolucionário em vias de levantar a bandeira de antigas reivindicações e, quando no santuário doméstico, recebia visitas corteses e indagadoras. Não surgiam, no entanto, tão somente os que vinham consultá-lo acerca de princípios libertários, mas também os que, inflados de superioridade, vinham discutir os problemas da fé.

Foi assim que o escriba Datan se acercou familiarmente dele, sobraçando rolos volumosos e guardando ares de mistério na palavra sigilosa e malevolente.

Fez solene preliminar, explicando os motivos de sua vinda.

Estudara muitíssimo.

Conhecia o drama de Israel, desde os primórdios.

Possuía velhos escritos, referentes às perseguições mais remotas. Arquivara, cuidadoso, preciosas tradições ocultas que relatavam os sofrimentos da raça na Assíria e no Egito. Encontrava-se em ligação com vários remanescentes de sacerdotes hebreus de outros séculos. Discutia, douto e perspicaz, sobre o passado de Moisés[11] e Aarão[12], na pátria dos faraós, e recolhera conhecimentos novos, com respeito à Terra da Promissão.[13]

Em virtude da inteligência inata com que sabia tratar os problemas do revelacionismo, declarava-se disposto a colaborar no restabelecimento da verdade.

Pretendia contribuir, não só com o verbo inflamado, mas também com a bolsa no banimento sumário de todos os exploradores do Templo.

Depois de pormenorizada exposição que o Senhor ouviu em silêncio, aduziu o escriba entusiasta:

— Mestre, não será indiscutível a necessidade de reforma da fé?

— Sim... — confirmou Jesus, sem comentários.

Datan, extremamente loquaz, prosseguiu:

— Venho trazer-te, pois, a minha solidariedade sem condições. Dói-me contemplar a Casa divina ocupada por ladrões e cambistas sem consciência. Sou cultivador da Lei, rigorista e intransigente. Tenho o Levítico[14] de cor, para evitar o contato de pessoas

---

[11] N.E.: grande legislador hebreu pertencente à Tribo de Levi. Classificado pela Igreja como um dos profetas maiores, Moisés no Espiritismo é considerado como primeira revelação da Lei divina no Ocidente, em razão do Decálogo, que escreveu mediunicamente no Monte Sinai.

[12] N.E.: séc. XIII a.C., irmão mais velho de Moisés e primeiro sumo sacerdote dos hebreus.

[13] N.E.: a chamada Terra Santa, a Terra da Promissão da Bíblia é o nome da antiga terra dos israelitas, hoje incluindo Israel, Cisjordânia (sob ocupação israelita atualmente) e partes da Jordânia. A maioria dos acontecimentos bíblicos se deu na Terra Santa, que, segundo a *Bíblia*, teria sido prometida ao povo Judeu no Antigo Testamento

[14] N.E.: livro da Bíblia, o terceiro do Pentateuco. Trata do culto israelita, confiado aos membros da tribo de Levi.

e alimentos imundos. Cumpro as minhas obrigações e não suporto a presença de quantos dilapidam o altar, sob pretexto de protegê-lo.

Fixou expressão colérica no olhar de raposa ferida, baixou o tom de voz, à maneira de denunciador comum, e anunciou sussurrante:

— Tenho comigo a relação de todos os lagartos e corvos que insultam o santuário de Deus. Ser-te-ei devotado colaborador para confundi-los e exterminá-los. Meus pergaminhos são brasas vivas da verdade. Conheço os que roubam do povo miserável a benefício dos próprios romanos que nos dominam. O Templo está cheio de rapinagem. Há feras em forma humana que ali devoram as riquezas do Senhor, lendo textos sagrados. São criaturas melosas e escarninhas, untuosas e traidoras...

O Cristo ouvia sem qualquer palavra que lhe demonstrasse o desagrado e, ébrio de maledicência, o visitante desdobrou um dos rolos, fixou alguns apontamentos e acrescentou:

— Vejamos pequena galeria de criminosos que, de imediato, precisamos conter.

"O rabino Jocanan vive cercado de discípulos, administrando lições, mas é proprietário de muitos palácios, conseguidos à custa de viúvas misérrimas; é um homem asqueroso pela sovinice a que se confia.

"O rabino Jafé, desde muito, é um explorador de mulheres desventuradas; do átrio da casa de Deus para dentro é uma ovelha, mas do átrio para fora é um lobo insaciável.

"Nasson, o sacerdote, vale-se da elevada posição que desfruta para vender, a preços infames, touros e cabras destinados aos sacrifícios, por intermédio de terceiros que lhe enriquecem as arcas; já possui três casas grandes, cheias de escravos, em Cesareia, com vastos rebanhos de carneiros.

"Agiel, um dos guardas do sagrado candeeiro, enverga túnica respeitável durante o dia e é salteador durante a noite; sei quantas pessoas foram por ele assaltadas no último ano sabático.

"Nenrod, o zelador do Santo dos Santos, tem sete assassínios nas costas; formula preces comoventes no lugar divino, mas é malfeitor contumaz, evadido da Síria.

"Manassés, o explicador dos Salmos de Davi, vende pombos a preços asfixiantes, criando constrangimento às mulheres imundas que buscam a purificação, de maneira a explorar-lhes a boa-fé.

"Gad, o fiscal de carnes impuras, tem a casa repleta de utilidades do santuário, que cede modicamente, enchendo-se-lhe os cofres de ouro e prata.

"Efraim, o levita, que se insinua presentemente na casa do Sumo Sacerdote, é político sagaz; a humildade fingida lhe encobre os tenebrosos planos de dominação."

Reparando, porém, que Jesus se mantinha mudo, o interlocutor interrompeu-se, fixou-o com desapontamento, e concluiu:

— Senhor, aceita-me no ministério. Estou pronto. Informaram-me de que te dispões a fundar um novo reino e uma nova ordem... Auxiliar-te-ei a massacrar os impostores, renovaremos a crença de nosso povo...

Mas Jesus, sorrindo agora, compassivo e triste, retrucou muito calmo:

— Datan, equivocas-te, naturalmente, qual acontece a muitos outros. A Boa Nova é de salvação. Não procuro delatores, nem carrascos, sempre valiosos nos tribunais. Estamos buscando simplesmente homens e mulheres que desejam amar o próximo e ajudá-lo, em nome de nosso Pai, a fim de que nos façamos melhores uns para com os outros.

O Mestre, sereno e persuasivo, ia continuar, mas o escriba eloquente, tão profundo no conhecimento das vidas alheias, enrolou os pergaminhos, apressado, franziu os lábios amarelos de cólera inútil e atravessou a soleira da porta sem olhar para trás.

~ 31 ~
Judiciosa ponderação

Dispúnhamo-nos a escrever uma série de apontamentos acerca de nossas ligeiras excursões ao redor de outros mundos, com a intenção de trazê-los aos amigos terrestres, quando abnegado orientador falou, sensato:

— Vocês não se desenvolveram suficientemente para tratar o assunto com a precisa autoridade. Para relacionar as múltiplas manifestações da vida noutros planetas, não podemos prescindir da consciência cósmica, que ainda estamos construindo, através de sucessivos estágios na Terra, e, nesse sentido, quaisquer impressões de nossa parte serão fragmentárias e imperfeitas, desnorteando a curiosidade sadia das almas bem-intencionadas.

E, ilustrando a judiciosa observação, contou sorridente:

— A Humanidade evolvida de um astro que se localiza a milhões de quilômetros da Terra, contemplando-a na feição de minúscula estrela avermelhada, reuniu alguns dos seus sábios mais eminentes, a fim de estudá-la com as minudências possíveis.

"Guardando avançados conhecimentos, no domínio da força gravítica, os competentes pesquisadores mobilizaram o tentame, enviando ao nosso mundo diversas expedições, de tempos a tempos.

"A primeira veio até nós, depois de complicadas peripécias no Espaço, condicionando-se, como é lógico, à limitada provisão de recursos que trazia elementos esses que lhe asseguraram a permanência de três dias sobre a face do nosso globo.

"Acontece, porém, que os viajantes alcançaram os céus de Paris e, depois de analisarem a refinada capital da França, por mais de setenta horas, anotando-lhe os patrimônios artísticos e culturais, voltaram ao ponto de origem, anunciando que o nosso mundo era centro de notável civilização, com importantes agrupamentos humanos.

"A ideia causou grande alvoroço e, tão logo se fez possível, nova comissão nos foi remetida para a complementação de informes.

"Os excursionistas, no entanto, em vez de alcançarem Paris, desceram sobre vasta e inculta região africana e regressaram, alarmados, desmentindo as conclusões existentes, porquanto, para eles, a Terra era um simples formigueiro de criaturas primitivistas, singularmente distanciadas da educação.

"Ante as controvérsias, novo grupo de investigadores veio ao plano terrestre, examinando justamente larga extensão da Sibéria e, por isso, voltou asseverando que o nosso domicílio não passava de um cemitério gelado.

"Nova expedição foi levada a efeito. Contudo, dessa vez, os estudiosos planaram sobre a região triste e seca do Saara, sendo levados a crer que a Terra se reduzia a imenso deserto, sob pavorosas tempestades de areia.

"Outros pioneiros entraram em lide e, auscultando-nos a residência, esbarraram com as águas do Pacífico, retornando a penates,[15] comunicando a quem de direito que o nosso mundo era puramente líquido, solitário e inabitável.

"Diante das informações contraditórias e estranhas, a autoridade superior resolveu sustar as expedições, uma vez que os relatórios não concordavam entre si e que não valia ausentar-se da intimidade doméstica para voltar com problemas insolúveis e inquietantes, alusivos à casa alheia."

O orientador fez uma pausa, mergulhou em nós o olhar muito lúcido e rematou:

— Como vemos, não será bom precipitar noticiários e conclusões. Cada viajante pode falar simplesmente daquilo que vê, e o que podemos observar é ainda muito pouco daquilo que, mais tarde, nos será concedido ao conhecimento. Assim sendo, construamos com os homens, nossos irmãos, pelo trabalho perseverante na cultura e no bem, as asas com que remontaremos às esferas superiores, sem antecipar-nos às decisões divinas, porque o Senhor sabe quando convirá modificar os programas de serviço, a nosso próprio respeito. "Ir lá" é muito diferente de "lá estar". Quando pudermos estar nos cimos da evolução, saberemos examinar e compreender, por meio do justo discernimento. Até lá, estudemos e sirvamos.

Mais não disse o mentor, contudo expressara-se o bastante para que nos acomodássemos à obrigação de prosseguir trabalhando na edificação do Reino do Espírito, de cuja luz conquistaremos, felizes, o galardão da vida maior.

---

[15] N.E.: casas paternas, lares, famílias.

~ 32 ~
A consulta

Ante o amigo que se responsabilizava pelas tarefas do templo espírita-cristão, a dama bem-posta rogava, afoita:

— Venho pedir-lhes socorro, porque minha vida está realmente transtornada... Ainda ontem, sonhei que meu pai, desde muito no Além, veio a nossa casa, sustentando comigo longa palestra... Acordei, de súbito, e ainda pude ver-lhe o rosto, magro e vivo, rente a mim. Acabrunhada, dirigi-lhe algumas indagações em pensamento e, com assombro, ouvi-lhe a voz, explicando-me que a morte não existe, que a vida continua e que, além do sepulcro, prossegue interessado em meu bem-estar... Entretanto, não pude furtar-me aos calafrios. Horrível sensação de pavor assaltou-me o espírito e comecei a gritar, inconscientemente... Que supõe vem a ser isso?

— Mediunidade, minha senhora, mediunidade... — comentou o orientador, calmo e prudente.

— Ah! sim — continuou a exaltada senhora —, muitas pessoas de minhas relações afirmam que, de fato, sou médium...

Desde criança, vejo coisas e, cada noite, antes do sono, embora cerre as pálpebras, diviso vultos estranhos que me cercam o leito, sem dissipar o temor de que me vejo possuída... Como interpretar esses fatos?

— São fenômenos de sua mediunidade — respondeu o ponderado interlocutor.

— Sim, sim — aduzia a visitante —, outras ocorrências me espantam. Muitas vezes, à sesta, ou quando em conversação com amigas, noto que objetos se movem, junto de mim, sem contato físico. Pancadas nos móveis, como se pessoas invisíveis desejassem conversar conosco, repetem-se ao meu lado, todos os dias. Em muitas ocasiões, vejo mãos, como se fossem de névoa translúcida, a se movimentarem, agravando-me os sustos. Como classificar esses casos?

— Mediunidade, minha irmã...

— E essa angústia que sinto, diariamente, qual se uma luva de sombra me buscasse a garganta? Muitas vezes, fico parada, prestes a morrer... E essa asfixia vem de longe... Debalde, tenho experimentado tratamentos diversos. Tenho a ideia de que forças inexplicáveis me escaldam a cabeça, ao mesmo tempo que me enregelam o corpo... Nesses instantes, ouço vozes e lamentações que me torturam o pensamento... Como definir essas impressões?

— Minha irmã, tudo isso é mediunidade — esclareceu o mentor, seguro de si.

E a dama contou novos sonhos, relacionando novos fatos, até que terminou por suplicar, depois de longo tempo:

— Amparem-me, por amor de Deus!... Estou disposta a qualquer sacrifício... Darei o que for preciso para desvencilhar-me dos obstáculos que me levam a semelhantes perturbações...

O dirigente da instituição deixou-a extravasar as promessas brilhantes que enfileirava uma sobre a outra, e acentuou, em seguida:

— A solução do problema está com você. Estude e trabalhe minha irmã. Estude, aprimorando a personalidade que lhe é própria, para dilatar os domínios do seu pensamento, compreendendo a vida com mais largueza, e trabalhe na sementeira do bem, atraindo a cooperação e a simpatia dos outros. Renovação mental, disciplina das emoções, esforço persistente no bem e meditação sadia não devem ser desprezados na aquisição de nossa paz, que não pode ser comprada a terceiros, e sim construída por nós mesmos na intimidade do coração. Para isso, o Espiritismo ser-lhe-á valioso campo de luta, no qual conhecerá, com mais segurança, as suas energias psíquicas, enriquecendo-as pela cultura edificante e pela caridade bem conduzida.

Todavia, quando a irrequieta senhora ouviu falar em estudo, trabalho, renovação, disciplina, esforço, meditação, cultura e caridade, perdeu a eloquência em que se distinguia... Desapontada, tartamudeou, aflita:

— Julguei obter auxílio mais facilmente...

— Sim, a senhora será ajudada a fim de ajudar-se.

E porque o relógio modificasse a fisionomia das horas, o diretor convidou:

— Iniciemos agora, minha irmã. Nossos estudos vão começar, à luz da prece.

— Sim — falou a enferma, desencantada —, hoje não posso, mas virei amanhã...

E saiu sem despedir-se.

Os dias correram apressados.

Contudo, por mais que os amigos do grupo a esperassem, solícitos, a consulente não mais voltou.

~ 33 ~
A estrada de luz

Quando o primeiro homem desceu aos vales e aos montes da Terra, sentiu que a miséria lhe entravava todos os passos. Entristecido, ante a contemplação de pântanos e desertos, voltou, receoso, ao Trono do Senhor e rogou em voz súplice:

— Pai misericordioso, compadece-te de mim! A indigência persegue-me, socorre a minha extrema pobreza!...

E o Todo-Bondoso, prometendo-lhe proteção e carinho, recomendou-lhe o trabalho das mãos.

O homem tornou à gleba escura e triste e agiu, corajosamente.

Improvisando utensílios rústicos, distribuiu as águas, drenou os charcos, selecionou as plantas frutíferas e conseguiu edificar o primeiro ninho doméstico.

Instalado, porém, na casa simples, reconheceu que a ignorância lhe ensombrava a imaginação. Amedrontado com as inibições espirituais que o sufocavam, regressou ao Céu, implorando:

— Senhor, Senhor, minha cabeça jaz em trevas... Auxilia-me! Dá-me claridade ao entendimento!...

E o Todo-Sábio, reafirmando-lhe o seu amor infinito, aconselhou-lhe o trabalho do pensamento.

Atendendo a indicação, o homem passou a observar com redobrada paciência os fenômenos que o cercavam, adquirindo preciosas lições da Natureza e criando, com o esforço próprio, os primeiros livros de pedra.

Ilhado, todavia, em tarefas e estudos, experimentou o anseio de exteriorizar-se e voar... A solidão amargava-lhe o espírito. Aspirava à comunhão com os outros seres, anelava penetrar os segredos do firmamento. Depois de muitas lágrimas, retornou ao paraíso e pediu em pranto:

— Pai, estou sozinho... Ampara-me! Ajuda-me a fugir do cárcere de mim mesmo!...

O Todo-Poderoso, afagando-lhe a fronte, abençoou-lhe a presença e receitou-lhe o trabalho dos sentidos.

O homem, surpreso, mobilizou os recursos dos olhos e dos ouvidos e, contemplando as estrelas luzentes, mirando as flores, auscultando a beleza das pedras e dos metais e ouvindo as vozes das fontes e dos ventos, descobriu a arte, em cuja companhia pôde afastar-se do mundo, em espírito, na direção das esferas superiores.

Rodeado de enorme descendência, passou a ser visitado pelo cortejo de variadas enfermidades. Espantado com a ruína física dos filhos e dos netos, recorreu, aflito, ao Senhor, suplicando, lacrimoso:

— Pai amado, as moléstias devastam-me a casa... Que será de mim? Assiste-nos com a tua compaixão!...

O Todo-Amoroso sorriu, compassivo, reiterou-lhe a promessa de auxílio e recomendou-lhe o trabalho do raciocínio.

Examinando detidamente as plantas e os minerais, o homem conseguiu a formação de numerosos remédios para combater as doenças que o vergastavam.

Mais tarde, com o aprimoramento da paisagem e com a prosperidade dos seus bens, foi assaltado por diversas tentações. A inveja, o orgulho e a vaidade sopravam-lhe aos ouvidos os mais estranhos projetos.

Aflito, procurou o Trono divino e solicitou amargurado:

— Senhor, gênios perversos me atormentam a vida!... Fortalece-me contra a loucura!...

O Todo-Generoso acariciou-lhe a cabeça trêmula e indicou-lhe mais trabalho para a atenção.

O homem tornou à Terra imensa e procurou fugir de si mesmo, por meio da atividade incessante, instituindo novas colônias de serviço para a multiplicação das tarefas gerais, garantindo, com isso, a sua harmonia mental.

Dias rolaram sobre dias...

Depois de muitos anos, já encanecido, notou que os seus inúmeros descendentes surgiam irritados e desarmônicos, a propósito de inutilidades e ilusões. A discórdia armava entre eles perigosos abismos...

Torturado, o infeliz demandou à Casa do Senhor, mas reparou com surpresa que o paraíso elevara-se além das estrelas...

Triste e cansado, orou em lágrimas ardentes.

O Todo-Compassivo não veio pessoalmente ouvir-lhe a súplica, mas enviou-lhe um mensageiro, aureolado de bondade e de luz, que lhe falou carinhosamente:

— Volta ao mundo, em nome do Senhor, e trabalha constantemente. Se teus filhos e netos se desentendem uns com os outros, dá trabalho ao teu coração, amando, perdoando, servindo e ensinando sempre...

E, porque o homem indagasse sobre a ocasião sublime em que lhe caberia repousar na companhia do eterno Pai, o emissário respondeu, delicado e solícito:

— Vai e constrói. Segue e atende ao progresso. Avança, marcando a tua romagem com os sinais imperecíveis das boas obras!... O trabalho, entre as margens do amor e da reta consciência, é a estrada de luz que te reconduzirá ao paraíso, a fim de que a Terra se transforme no divino espelho da glória de Deus.

~ 34 ~
A escolha do Senhor

Conta-se que alguns Apóstolos do bem tanto se ergueram na virtude que, pela extrema sublimação de suas almas, conseguiram atingir o limiar do Santuário resplendente do Cristo.

Voltariam ao mundo, no prosseguimento da obra de amor em que se entrosavam, no entanto, convocados pelos poderes angélicos, poderiam excursionar felizes pelas vizinhanças do lar divino.

Bem-aventurados pela glória e pela bondade constituíam provisoriamente no Céu toda uma assembleia de beleza e sabedoria.

Missionários ocidentais ostentavam dalmáticas imponentes, lembrando as instituições religiosas a que haviam pertencido, enquanto os santos do Oriente exibiam túnicas liriais. Veneráveis sacerdotes das igrejas católicas e protestantes confundiam-se com patriarcas judeus e budistas. Admiráveis seguidores de Confúcio[16] e insignes devotos de Maomé[17] entendiam-se uns com os outros.

Muito acima das interpretações humanas, tendentes à discórdia, alcançavam, enfim, a suprema união na esfera dos princípios.

Exornava-se cada um com a mensagem simbólica dos templos que haviam representado. Anéis, cruzes, báculos, auréolas, colares, medalhas e outras insígnias preciosas destacavam-se do linho e da púrpura, da seda e do ouro, faiscando ao sol em que se banhavam.

Entretanto, um deles destoava do brilhante conjunto.

Era um antigo servidor do deserto que não se filiara a igreja alguma. Ibraim Al-Mandeb fora apenas devotado irmão dos infelizes que vagueavam nas planícies arenosas da Arábia.

Não possuía qualquer sinal que o recomendasse ao respeito e à consideração. Trazia os pés descalços, em chaga e pó. Na veste rota, mostrava as manchas sanguinolentas das crianças feridas que havia conchegado de encontro ao peito. As mãos magras e hirsutas pareciam forradas em couro de camelo, tão calejadas se achavam no rude trabalho de assistência aos viajantes perdidos. Os cabelos grisalhos e imundos falavam de longas peregrinações sob a tempestade, e o rosto enrugado e rijo era a pesada moldura de dois olhos belos e lúcidos, mas encovados e tristes, guardando pavorosas visões das dores alheias que ele havia socorrido, abnegado e atento.

Isolado no festim, o ancião notou que dois Anjos examinavam a assembleia, fazendo anotações num pergaminho celestial.

Depois de analisarem todos os circunstantes, um por um, abeiraram-se dele, estranhando-lhe a desagradável presença.

---

[16] N.E.: filósofo chinês (c.551–? 479 a.C.), sua doutrina pregava a ordem no Estado e a necessidade de desenvolvimento do caráter e da responsabilidade moral. Sua obra originou o confucionismo.

[17] N.E.: (Meca c.570–571 ou 580 – Medina 632), profeta do Islã. Piedoso, justo, conhecedor do Judaísmo e do Cristianismo, retirou-se em meditação numa caverna do Monte Hirã, onde teve revelações, passando a pregar a renovação religiosa e a ensinar o monoteísmo.

— Amigo — interrogou um dos emissários —, a que igreja pertenceste na Terra?

— Para que a pergunta? — inquiriu o forasteiro com humildade.

— O Senhor deseja entender-se com um dos visitantes do lar divino e estamos relacionando, por ordem, os nomes daqueles que mais profundamente o amaram no mundo...

— Não se preocupem então comigo! — clamou o anônimo beduíno. — Nunca pude consagrar-me ao culto do Senhor e sinceramente ignoro por que razão fui guindado até aqui, quando não posso ter lugar entre os eleitos da fé.

— Que fizeste entre os homens?

— Que o Senhor me perdoe a ingratidão e a dureza — suspirou o velhinho —, mas o sofrimento de meus irmãos não me deu oportunidade de pensar nele... Nunca pude refletir na sublimidade do paraíso, porque o deserto estava cheio de aflição e lágrimas!...

Vendo que o estranho peregrino prorrompera em pranto, o anjo que se mantivera silencioso opinou compreensivo:

— Em verdade, não podemos situar-te na relação dos que amaram o Benfeitor eterno, mas colocaremos teu nome no pergaminho, como alguém que amou imensamente os semelhantes.

O ancião, mergulhando a cabeça nas mãos ossudas, soluçou reconhecido, enquanto os companheiros presentes comentavam o estranho procedimento daquele que fizera bem sem se lembrar sequer da existência de Deus.

Contudo, depois de longos minutos de expectação, vasto grupo de mensageiros divinos penetrou o átrio engalanado de flores, em cânticos de júbilo, trazendo larga faixa com um nome grafado em caracteres de luz.

Era o nome do velho Ibraim Al-Mandeb.

Pretendia o Senhor conversar com ele.

~ 35 ~
Questão de justiça

E o velho amigo contou-nos, bem-humorado, uma história sobre os comentários que enfileirávamos sobre a justiça do mundo:

— Um grande juiz, domiciliado num planeta em que o amor já solidificou suas bases nos corações, foi indicado para vir à Terra, a fim de verificar o progresso do Direito entre os homens.

"Grandes gênios da Espiritualidade superior, desejando aferir os valores da evolução terrestre, designaram-no para observar os fenômenos da consciência reta, no círculo das criaturas.

"Como estariam as nações terrestres, depois de Jesus Cristo, o celeste Orientador justiçado na cruz? Achar-se-ia a comunidade social integrada no ensinamento do 'amai-vos uns aos outros'?

"Grande civilização havia sido fundada, em nome do Mestre inesquecível.

"Sabia-se que a imagem do Senhor constava de múltiplos símbolos patrióticos, nos santuários e nos parlamentos, nos lares e nas escolas...

"Em nome do Cristo, lavravam-se documentos oficiais, expediam-se decretos e instituíam-se programas educativos...

"Como estaria sendo aplicada a substância do Evangelho na vida prática? Decerto, o discernimento irrepreensível permanecia vigilante em todas as casas da direção espiritual.

"Para examinar essa realidade, o mensageiro devidamente credenciado vinha ao mundo, revestido de poder para exprimir-se quanto ao assunto.

"Atendendo, desse modo, ao objetivo que o trazia, acompanhamo-lo a uma grande capital da civilização moderna, ingressando, de imediato, num tribunal movimentado, em que se processavam os serviços do julgamento de um homem desvalido e sozinho.

"O mísero comparecia, à frente do júri, por haver sido apanhado em delito de furto.

"Nós e o emissário do plano superior ficamos a par da verdadeira situação do réu.

"Espíritos amigos sustentavam-lhe a coragem moral, e a luz da prece coroava-lhe a fronte.

"O desventurado pedia a Deus abençoasse a esposa doente e os quatro filhinhos menores que curtiam dolorosas privações na furna de miséria que lhes servia de lar, rogando o perdão da Providência divina para o crime que cometera.

"Roubara, sim... Assaltara um empório comercial, cedendo à tentação de apropriar-se de alguns gêneros alimentícios para a subsistência da família, em negro momento da sorte.

"Reconhecia-se, porém, arrependido. Esperava recuperar-se e trabalhar.

"Ultrapassara os 40 anos e, havendo falido no singelo empreendimento agrícola a que se afeiçoara por muitos anos, vira-se condenado ao desemprego e ao abandono. Ninguém desejava contratar a cooperação de um homem considerado velho e inútil. Errara, por semanas e semanas, à caça de trabalho digno, mas todas as portas cerravam-se, inflexíveis...

"Enquanto a saúde lhe garantira a casa, tivera forças para sobrenadar... Contudo, ante a mulher enferma e as crianças famintas, não encontrava recurso senão o de mergulhar na escura corrente das ideias deploráveis que o seduziam ao furto...

"Desertara da virtude, caíra lamentavelmente; entretanto, confiaria no porvir.

"O Senhor ajudá-lo-ia a levantar-se...

"A oração do réu doía-nos a alma.

"O examinador da justiça, comovido tanto quanto nós, aguardou o veredicto, na expectativa de uma corrigenda benéfica, vazada em estímulo à restauração moral do culpado.

"Aquele pai sofredor poderia materializar ainda, no mundo, santificantes bênçãos, e a justiça não deveria incentivá-lo ao desespero e à revolta.

"No entanto, com enorme desapontamento para nós, o infeliz foi sentenciado a 20 anos de prisão.

"Ouvindo os soluços convulsivos do infortunado, que reconhecia frustradas todas as esperanças, o mensageiro do Alto tentou confortá-lo indiretamente e anunciou que visitaria o dirigente do país, na suposição de conseguir um reajuste.

"O tribunal parecia sombreado por estranhas perturbações.

"Provavelmente, inspiraria medidas adequadas à administração da metrópole que visitávamos e a justiça surgiria no caso, nos moldes indispensáveis da compaixão.

"Seguimo-lo, sem detença, atingindo o formoso palácio da governança.

"Talvez por coincidência, o magnífico solar vivia um dia de festa. Muita gente ocupava-lhe as dependências. Carros suntuosos, de altas personalidades, sucediam-se à porta...

"Num salão engalanado de flores, o governador foi identificado por nós, no instante preciso em que, solene, à maneira de um semideus, chamava um homem de nariz adunco e de olhos felinos e o condecorava sob aplausos gerais.

"Alguém nos esclareceu em poucos segundos.

"Era o homenageado um insensível oficial de guerra que planejara a morte de milhares de homens, que depredara por conta própria, que se enriquecera à custa da pilhagem, que espalhara o infortúnio em diversas direções e que manejara, cruel, variados instrumentos de destruição.

"Ao redor dele, centenas de entidades reclamavam, choravam, gritavam e gemiam, crivando-o de maldições.

"Era precisamente esse homem o herói da festa, glorificado pela autoridade máxima da nação, com significativa medalha de honra.

"O magistrado espiritual procurou comunicar-se, em espírito, com alguns dos responsáveis, mas todas as atenções estavam centralizadas na ruidosa alegria do ambiente, regada por numerosas taças de saboroso champanhe...

"Vimos, então, o mensageiro do Alto, em atitude de profunda tristeza, a despedir-se com um gesto amável de adeus, remontando ao mundo feliz de onde viera."

~

O narrador fez longa pausa... Afinal, quebrando o silêncio, alguém perguntou:

— Mas nunca mais receberam notícias do emissário desencantado? Como teria ele respondido aos instrutores quanto à missão que lhe fora confiada?

O velho companheiro sorriu, demoradamente, e esclareceu:

— Tivemos notícias, sim... Às interpelações dos mentores da vida mais alta, notificou que havia algo errado na máquina da justiça humana e que, por isso, rogava o prazo de quinhentos anos para continuar observando os homens, a fim de responder...

Os comentários de nossa pequena assembleia continuaram acesos, mas o ancião entrou em silêncio e, embora instado por nossas interrogações, calado e sorridente, despediu-se de nós.

~ 36 ~
Deus seja louvado

No recinto ataviado, aqueles dezenove companheiros da prece conversavam animadamente, embora a noite gélida.

Comentava-se o devotamento de muitos dos africanos desencarnados que, não obstante libertos do vaso físico, prosseguem nas mais nobres tarefas de auxílio.

E, enquanto aguardavam o horário fixado para o início da sessão mediúnica, todas as opiniões mantinham estreita afinidade nos pontos de vista.

— Realmente — afirmava dona Celeste —, jamais pagarei o que devo a esses heróis anônimos da humildade. Há muitos anos venho recebendo de todos eles os mais amplos testemunhos de amor.

— Lembram-se daquela entidade que se fazia conhecer por "mãe Felícia"? — perguntou dona Ernestina ao grupo atento. — Desde que ela me administrou passes aos pulmões enfermos, minha recuperação foi completa.

— E o nosso adorável Benedito? — considerou Félix, o fervoroso padeiro que dirigiria o culto da noite — ainda não recorri a ele sem resultado. Em todas as circunstâncias é o mesmo admirável amigo. Abnegado, diligente, sincero...

— Eu — aclarava dona Adélia —, tenho como generoso protetor um velho africano que se dá a conhecer por "pai Amâncio". É um modelo de paciência, ternura e bondade. Parece ter trazido da escravidão todo um tesouro de sabedoria e carinho...

— Isso mesmo — ajuntou Fernandes, companheiro atencioso do círculo —, é indispensável saibamos que muitas dessas entidades, aparentemente apagadas e simples, são grandes almas de escol no progresso da inteligência, que se vestiram de escravos, ao tempo do cativeiro, conquistando a grandeza do coração. Quantos sábios de outrora surgem por trás desses nomes humildes, lavando as nossas mazelas e curando as nossas chagas?

— Sim, sim... — ponderava Ernesto, caloroso defensor da caridade na pequena assembleia — e, sobretudo, devemos aprender com eles a ciência do amor desinteressado e puro. Nunca os vi desesperar à frente de nossos petitórios incessantes... Como lhes negar a nossa admiração e respeito incondicionais?

A conversa prosseguia no mesmo tom, até que as oito pancadas do relógio fizeram que Félix convocasse o pessoal ao silêncio e à oração.

Os dezenove amigos consagraram-se a alguns minutos de leitura e comentário de precioso livro evangelizante e, em seguida, dona Amália, a médium mais experiente da equipe, albergou o irmão Benedito, denodado benfeitor do agrupamento, que, ao se apresentar, foi logo interpelado de maneiras diversas pelos circunstantes.

Dona Celeste rogou-lhe amparo em favor de um mano desempregado, dona Adélia pediu ajuda para a solução de velha pendência que lhe levara o nome a um tribunal, Ernesto solicitou concurso para determinado tio, portador de úlcera gástrica...

E não houve quem não formulasse requisições e perguntas.

O velho africano respondeu a todos com invariável benevolência e, afinal, encerrando a reunião, falou emocionado, pela médium:

— Meus amigos, há longos anos estamos juntos...

"Para nós, os irmãos desencarnados, esse largo convívio tem sido uma bênção...

"Hoje, invocamos nossa amizade para suplicar-lhes sublime favor...

"Com muita alegria, sentimo-nos ainda felizes escravos de vocês todos... Em todos vocês, encontramos filhos do coração cujas dificuldades e dores nos pertencem... Ah! meus filhos, mas, em verdade, temos também nossos descendentes na Terra! Nossos rebentos, nossos netos... Quantos deles vagueiam sem rumo! Quantos suspiram pela graça do alfabeto! Quantos se perdem nos morros de sofrimento ou nos vales de treva, entre a ignorância e a miséria, a enfermidade e a viciação! Não seria melhor fossem eles cativos nas senzalas do trabalho que prisioneiros nos charcos do crime?

"É por isso que vimos rogar a vocês caridade para eles...

"São milhares de criancinhas abandonadas, assim como folhas de arvoredo no vendaval!...

"Peço-lhes, de joelhos, para que venhamos a iniciar uma cruzada de amor, na solução de problema assim tão grave...

"Se cada um de nossos amigos abrigar um só de nossos pequeninos, na intimidade do templo doméstico, ofertando-lhes o nível de experiência em que sustentam a própria família, decerto que, em pouco tempo, teremos resolvido o enigma doloroso...

"Não lhes rogo a fundação de abrigos para meninos de pele escura... Isso seria alimentar a discórdia de raça e dilatar a separação. Suplico-lhes um pedaço de lar para eles, um pouco de carinho que nasça, puro, do coração.

"Se vocês iniciarem semelhante trabalho, o bom exemplo estará vicejando e produzindo frutos de educação e luz na prática fraterna..."

O amigo espiritual entregou-se a longa pausa, como quem observava o efeito de suas palavras; entretanto, como ninguém rompesse a quietude, insistiu generoso:

— Quem de vocês desejará começar?

Constrangidos, assim, à resposta direta, todos os companheiros se revelaram entre a evasiva e a negação.

Dona Celeste alegou a condição de esposa sacrificada por marido exigente.

Dona Ernestina acusou-se velha demais para ser útil numa iniciativa de tão elevado alcance.

Dona Josefa explicou que tinha a existência presa aos caprichos de uma filha que lhe não concedia o menor prazer.

Ernesto clamou que o tempo lhe fugia em carreira desabalada...

Ninguém poderia corresponder favoravelmente à petição.

Estavam todos doentes, fatigados, velhos, sacrificados ou sem horário suficiente para a lavoura do bem.

E o próprio Félix, a quem cabia o governo da casa, explicou em voz sumida:

— Quem sou eu, pequenino e miserável servo do Senhor, para encetar um empreendimento assim tão grande?

Foi então que o benfeitor espiritual, sentindo talvez o frio ambiente, encerrou o assunto, dizendo, resignado:

— Benedito compreende meus irmãos! Sabemos que vocês nos ajudarão quanto seja possível...

"Até a semana próxima, quando estaremos novamente aqui, aprendendo com vocês as lições do Evangelho de nosso Senhor..."

E, sorrindo desapontado, despediu-se afirmando como sempre:

— Que Deus seja louvado!

~ 37 ~
Lenda simbólica

Existe no folclore de várias nações do mundo antiga lenda que exprime comumente a verdade de nossa vida.

Certo homem que pervagava, infeliz, padecendo intempérie e solidão, encontrou valiosa pedra em que se refugiou, encantado.

À maneira de concha em posição vertical, o minúsculo penhasco protegia-o contra as bagas de chuva, ofertando-lhe, ao mesmo tempo, o colo rijo sobre o qual vasta porção de folhas secas lhe propiciava adequado ninho.

O atormentado viajor agarrou-se, contente, a semelhante habitação e, longe de consagrar-se ao trabalho honesto para renová-la e engrandecê-la, confiou-se à pedintaria.

Além, jornadeavam companheiros de Humanidade em provações mais aflitivas que as dele, contudo, acreditava-se o mais infortunado de todos os seres e preferia examiná-los por meio da inveja e da irritação.

Adiante, sorria a gleba luxuriosa, convidando-o à sementeira produtiva, no entanto, ocultava as mãos nos andrajos que lhe cobriam a pele, alongando-as simplesmente para esmolar.

Na imensidão do céu, cada manhã, surgia o Sol, como glorioso ministro da Luz divina, exortando-o ao labor digno, mas o desditoso admitia-se incapacitado e enfermo de tal sorte, que não se atrevia a deixar a pedra protetora.

Ouvia de lábios benevolentes incessantes apelos à própria renovação, a fim de exercitar-se na prática do bem, a favor de si mesmo, mas, extremamente cristalizado na ociosidade e no desalento, replicava com evasivas, definindo-se como sofredor irremediável, vomitando queixas ou disparando condenações.

Não podia trabalhar por faltarem-lhe recursos, não estudava por fugir-lhe o dinheiro, não ajudava de modo algum a ninguém por ser pobre até à miserabilidade completa, dizia entre sucessivas lamentações.

Rogava pão, suplicava remédio, mendigava socorro de todo gênero, acusando o destino e insultando o próximo...

Por mais de meio século demorou-se na pedra muda e hospitaleira, até que a morte lhe visitou os farrapos, arrebatando-o da carne às surpresas do seu reino.

Foi então que mãos operosas removeram o enorme calhau para que a higiene retornasse à paisagem, encontrando sob a pequena rocha granítica um imenso tesouro de moedas e joias, suscetível de assegurar a evolução e o conforto de grande comunidade.

O devoto da inércia experimentara desolação e necessidade, por toda a existência, sobre um leito de inimaginável riqueza.

Assim somos quase todos nós, durante a reencarnação.

Almas famintas de progresso e acrisolamento, colamo-nos ao grabato físico para a aquisição de conhecimento e virtude, experiência e sublimação, mas, muito longe de entender a nossa divina oportunidade, desertamos da luta e viajamos no mundo à feição de mendigos caprichosos e descontentes, albergando amarguras e lágrimas, no culto disfarçado da rebeldia.

E, olvidando nossos braços que podem agir para o bem, estendemo-los não para dar, e sim para recolher, pedindo, suplicando, retendo, reclamando e exigindo, até que chega o momento em que a morte nos faz conhecer o tesouro que desprezamos.

~

Se a lenda que repetimos pode merecer-te atenção, aproveita o aconchego do corpo a que te acolhes, entregando-te à construção do bem por amor ao bem, na certeza de que a tua passagem na Terra vale por generosa bolsa de estudo, e de que amanhã regressarás para o ajuste de contas em tua esfera de origem.

~ 38 ~
A esmola da compaixão

De portas abertas ao serviço da caridade, a casa dos Apóstolos em Jerusalém vivia repleta, em rumoroso tumulto.

Eram doentes desiludidos que vinham rogar esperança, velhinhos sem consolo que suplicavam abrigo. Mulheres de lívido semblante traziam nos braços crianças aleijadas, que o duro guante do sofrimento mutilara ao nascer, e, de quando em quando, grupos de irmãos generosos chegavam da via pública, acompanhando alienados mentais para que ali recolhessem o benefício da prece.

Numa sala pequena, Simão Pedro atendia prestimoso.

Fosse, porém, pelo cansaço físico ou pelas desilusões hauridas ao contato com as hipocrisias do mundo, o antigo pescador acusava irritação e fadiga, a se expressarem nas exclamações de amargura que não mais podia conter.

— Observa aquele homem que vem lá, de braços secos e distendidos? — gritava para Zenon, o companheiro humilde que lhe prestava concurso. — Aquele é Roboão, o miserável que espancou a própria mãe, numa noite de embriaguez... Não é justo sofra, agora, as consequências?

E pedia para que o enfermo não lhe ocupasse a atenção.

Logo após, indicando feridenta mulher que se arrastava, buscando-o, exclamou encolerizado:

— Que procuras, infeliz? Gozaste no orgulho e na crueldade, durante longos anos... Muitas vezes, ouvi-te o riso imundo à frente dos escravos agonizantes que espancavas até à morte... Fora daqui! Fora daqui!...

E a desmandar-se nas indisposições de que se via tocado, em seguida bradou para um velho paralítico que lhe implorava socorro:

— Como não te envergonhas de comparecer no pouso do Senhor, quando sempre devoraste o ceitil das viúvas e dos órfãos? Tuas arcas transbordam de maldições e de lágrimas... O pranto das vítimas é grilhão nos teus pés...

E, por muitas horas, fustigou as desventuras alheias, colocando à mostra, com palavras candentes e incisivas, as deficiências e os erros de quantos lhe vinham suplicar reconforto.

Todavia, quando o Sol desaparecera distante e a névoa crepuscular invadira o suave refúgio, modesto viajante penetrou o estreito cenáculo, exibindo nas mãos largas nódoas sanguinolentas.

No compartimento, agora vazio, apenas o velho pescador se dispunha à retirada, suarento e abatido.

O recém-vindo, silencioso, aproximou-se, sutil, e tocou-o docemente.

O conturbado discípulo do Evangelho só assim lhe deu atenção, clamando, porém, impulsivo:

— Quem és tu, que chegas a estas horas, quando o dia de trabalho já terminou?

E porque o desconhecido não respondesse, insistiu com inflexão de censura:

— Avia-te sem demora! Dize depressa a que vens...

Nesse instante, porém, deteve-se a contemplar as rosas de sangue que desabotoavam naquelas mãos belas e finas. Fitou os pés descalços, dos quais transpareciam, ainda vivos, os rubros sinais dos cravos da cruz e, ansioso, encontrou no estranho peregrino o olhar que refletia o fulgor das estrelas...

Perplexo e desfalecente, compreendeu que se achava diante do Mestre, e, ajoelhando-se, em lágrimas, gemeu, aflito:

— Senhor! Senhor! Que pretendes de teu servo?

Foi então que Jesus redivivo afagou-lhe a atormentada cabeça e falou em voz triste:

— Pedro, lembra-te de que não fomos chamados para socorrer as almas puras... Venho rogar-te a caridade do silêncio quando não possas auxiliar! Suplico-te para os filhos de minha esperança a esmola da compaixão...

O rude, mas amoroso pescador de Cafarnaum, mergulhou a face nas mãos calosas para enxugar o pranto copioso e sincero, e quando ergueu, de novo, os olhos para abraçar o visitante querido, no aposento isolado somente havia a sombra da noite que avançava de leve.

~ 39 ~
Infortúnio materno

Em pleno hospital da Espiritualidade, pobre criatura estendeu-nos o olhar suplicante e rogou:
— O senhor consegue escrever para a Terra?
— Quando mo permitem — repliquei entre pesaroso e assombrado.
Quem era aquela mulher que me interpelava desse modo?
A fisionomia escaveirada exibia recordações da morte. A face inundada de pranto tinha esgares de angústia, e as mãos esqueléticas e entrefechadas davam a ideia de garras em forma de conchas.
Dante não conseguiria trazer do inferno imagem mais desolada de sofrimento e terror.
— Escreva, escreva! — repetia chorando.
— Mas escrever a quem?
— Às mulheres... — clamou a infeliz. — Rogue-lhes não fujam da maternidade nobre e digna... Peço não façam do casamento uma estação de egoísmo e ociosidade...

Os soluços a lhe rebentarem do peito induziam-nos a doloroso constrangimento.

E a infeliz contou em lágrimas:

— Estive na Terra, durante quase meio século... Tomei corpo entre os homens, após entender-me com um amigo dileto que seguiu, antes de mim, no rumo da arena carnal, onde me recebeu nos braços de esposo devotado e fiel. Com assentimento dos instrutores, cuja bondade nos obtivera o retorno à escola física, comprometemo-nos a recolher oito filhinhos, oito corações de nosso próprio passado espiritual, que, por nossa culpa direta e indireta, jaziam nas furnas da crueldade e da indisciplina... Cabia-nos acolhê-los carinhosamente, renovando-lhes o espírito, ao hálito de nosso amor... Suportar-lhes-íamos as falhas renascentes, corrigindo-as pouco a pouco, ao preço de nossos exemplos de bondade e renúncia... Nós mesmos solicitáramos semelhante serviço... Para alcançar mais altos níveis de evolução, suplicamos a prova reparadora... Saberíamos morrer gradativamente no sacrifício pessoal, para que os associados de nossos erros diante da Lei divina recuperassem a noção da dignidade.

A triste narradora fez longa pausa que não ousamos interromper e continuou:

— Entretanto, casando-me com Cláudio, o amigo a que me reportei, fui mãe de um filhinho, cujo nascimento não pude evitar...

"Paulo, o nosso primogênito, era uma pérola tenra em nossas mãos... Despertava em meu ser comoções que o verbo humano não consegue reproduzir... Ainda assim, acovardada perante a luta, por mais me advertisse o esposo abençoado, transmitindo avisos e apelos da vida superior, detestei a maternidade, asilando-me no prazer... Cláudio era compelido a gastar largas somas para satisfazer-me nos caprichos da moda... Mas a frivolidade social não era o meu crime... Nas reuniões mundanas mais aparentemente vazias pode a alma aprender muito quando resolve servir ao bem... Cristalizada, contudo, na preguiça, qual flor inútil a viver no luxo dourado, por doze vezes pratiquei o aborto confesso... Surda aos ditames da consciência que me ordenava o apostolado maternal, expulsei de mim os antigos laços que em outro tempo se acumpliciavam comigo na delinquência, assassinando as horas de trabalho que o Senhor me havia facultado no campo feminino... E, após vinte anos de teimosia delituosa, ante o auxílio constante que me era conferido pelo Amparo celestial, nossos benfeitores permitiram, para minha edificação, fosse eu entregue aos resultados de minha própria escolha... Enlaçada magneticamente àqueles que a divina Bondade me restituiria por filhos ao coração e aos quais recusei guarida em minha ternura, fui obrigada a tolerar-lhes o assalto invisível, uma vez que, seis deles, extremamente revoltados contra a minha ingratidão, converteram-se em perseguidores de minha felicidade doméstica... Fatigado de minhas exigências, meu esposo refugiou-se no vício, terminando a existência num suicídio espetacular... Meu filho, ainda jovem, sob a pressão dos perseguidores ocultos que formei para a nossa casa, caiu nas sombras da alienação mental, desencarnando em tormento indescritível num desastre da via pública, e eu... pobre de mim, abordando a madureza, conheci a dolorosa tumoração das próprias entranhas... A veste carnal, como que horrorizada de minha presença, expulsou-me para os domínios da morte, em que me arrastei largo tempo, com todos os meus débitos terrivelmente agravados, sob a flagelação e o achincalhe daqueles a quem podia ter renovado com o bálsamo de meu leite e com a bênção de minha dor..."

A desditosa enferma enxugou as lágrimas com que nos acordava para violenta emoção e terminou:

— Fale de minha experiência às nossas irmãs casadas e robustas que dispõem de saúde para o doce e santo sacrifício de mãe! Ajude-as a pensar... Que não transformem o matrimônio na estufa de flores inebriantes e improdutivas, cujo perfume envenenado lhes abreviará o passo na direção das trevas... Escreva! Diga-lhes algo do martírio que espera, além da morte, quantos quiseram ludibriar a vida e matar as horas.

A mísera doente, sustentada por braços amigos, foi conduzida à vasta câmara de repouso e, impressionados com tamanho infortúnio, tentamos cumprir-lhe o desejo e transmitir-lhe a palavra; contudo, apesar do respeito que consagramos à mulher de nosso tempo, cremos que o nosso êxito seria mais seguro se caminhássemos para um cemitério e assoprássemos a mensagem para dentro de cada túmulo.

~ 40 ~
Nos domínios da sombra

Em compacta assembleia do reino das sombras, um poderoso soberano das trevas, diante de milhares de falangistas da miséria e da ignorância, explicava o motivo da grande reunião.

O Espiritismo com Jesus, aclarando a mente humana, prejudicava os planos infernais.

Em toda parte da Terra, as criaturas começavam a raciocinar menos superficialmente! Indagavam, com segurança, quanto aos enigmas do sofrimento e da morte e aprendiam, sem maior dificuldade, as lições da Justiça divina. Compreendiam, sem cadeias dogmáticas, os ensinamentos do Evangelho. Oravam com fervor. Meditavam na reencarnação e passavam a interpretar com mais inteligência os deveres que lhes cabiam no planeta. Muita gente entregava-se aos livros nobres, à caridade e à compaixão, iluminando a paisagem social do mundo e, por isso, todas as atividades da sombra surgiam ameaçadas...

Que fazer para conjurar o perigo?

E pediu para que os seus assessores apresentassem sugestões.

Depois de alguns momentos de expectativa, ergueu-se o comandante das legiões da incredulidade e falou:

— Procuremos veicular a crença de que Deus não existe e de que as criaturas viventes estão entregues a forças cruéis e fatais da Natureza...

O maioral das trevas, porém, objetou desencantado:

— O argumento não serve. Quanto mais avança nos trilhos da inteligência, mais reconhece o homem a paternidade de Deus, sendo atraído inelutavelmente para a fé ardente e pura.

Levantou-se, no entanto, o orientador das legiões da vaidade e opinou:

— Espalharemos a notícia de que Jesus nada tem que ver com o Espiritismo, que as manifestações dos desencarnados se resumem num caso fisiológico para as conclusões da Ciência, e, desnorteando os profitentes da renovadora Doutrina, faremos com que gozem a vida no mundo, como melhor lhes pareça, sem qualquer obrigação para com o Evangelho e, assim, serão colhidos no túmulo, com as mesmas lacunas morais que trouxeram do berço...

O rei das sombras anuiu complacente:

— Sim, essa ilusão já foi muito importante, contudo, há milhares de pessoas despertando para a Verdade, na certeza de que as portas do sepulcro não se abririam para os vivos da Terra, sem a intervenção de Jesus.

Nesse ponto, o diretor das falanges da discórdia pôs-se de pé e conclamou:

— Sabemos que a força dos espíritas nasce das reuniões em que se congregam para a oração e para o aprendizado da vida espiritual, e nas quais tomam contato com os Mensageiros da Luz... Assim sendo, assopraremos a cizânia entre os seguidores dessa bandeira transformadora, exagerando-lhes a noção da dignidade própria. Separá-los-emos uns dos outros com o invisível bastão da maledicência. Chamaremos em nosso auxílio os polemistas, os discutidores, os carregadores de lixo social, os fiscais do próximo e os examinadores de consciências alheias para que os seus templos se povoem de feridas e mágoas incuráveis e, assim, os irmãos em Cristo saberão detestar-se uns aos outros, com sorrisos nos lábios, inutilizando-se para as obras do bem.

O chefe satânico, todavia, considerou:
— Isso é medida louvável, contudo necessitamos de providência de efeito mais profundo, porque sempre aparece um dia em que as brigas e os desacordos terminam com os remédios da humildade e com o socorro da oração.

A essa altura, ergueu-se o condutor das falanges da desordem e ponderou:
— Se o problema é de reuniões, conseguiremos liquidá-lo em três tempos. Buscaremos sugerir aos membros dessas instituições que o lugar dos conclaves é muito longe e que não lhes convém afrontar as surpresas desagradáveis da via pública. Faremos que o horário das reuniões coincida com o lançamento de filmes especiais ou com festividades domésticas de data fixa. Improvisaremos tentações determinadas para os companheiros que possuam maiores deveres e responsabilidades nas assembleias, a fim de que os iniciantes não venham a perseverar no trabalho da própria elevação. Organizaremos dificuldades para as conduções e atrairemos visitas afetuosas que cheguem no momento exato da saída para os cultos espíritas-cristãos. Tumultuaremos o ambiente nos lares, escondendo chapéus e bolsas, carteiras e chaves para que os crentes se tomem de mau humor, desistindo do serviço espiritual e desacreditando a própria fé.

O soberano das trevas mostrou larga satisfação no semblante e ajuntou:
— Sim, isso é precioso trabalho de rotina que não podemos menosprezar. Entretanto, carecemos de recurso diferente...

O responsável pelas falanges da dúvida ergueu-se e disse:

— As reuniões referidas são sempre mais valiosas com o auxílio de médiuns competentes. Buscaremos desalentá-los e dispersá-los, penetrando a onda mental em que se comunicam com os benfeitores celestes, fazendo-lhes crer que a palavra do Além resulta de um engano deles próprios, obrigando-os a se sentirem mentirosos, palhaços, embusteiros e mistificadores, sem qualquer confiança em si mesmos, para que as assembleias se vejam incapazes e desmoralizadas...

O mentor do recinto aprovou a alegação, mas considerou:

— Indiscutivelmente, o combate aos médiuns não pode esmorecer, entretanto, precisamos de providência mais viva, mais penetrante...

Foi então que o orientador das falanges da preguiça se levantou, tomou a palavra, e falou respeitoso:

— Ilustre chefe, creio que a melhor medida será recordar ao pensamento de todos os membros das agremiações espíritas que Deus existe, que Jesus é o Guia da Humanidade, que a alma é imortal, que a Justiça divina é indefectível, que a reencarnação é uma Verdade inconteste e que a oração é uma escada solar, reunindo a Terra ao Céu...

O soberano das sombras, porém, entre o espanto e a ira, cortou-lhe a palavra, interrogando:

— Aonde pretende chegar com semelhantes afirmações?

O comandante dos exércitos preguiçosos acrescentou, sem perturbar-se:

— Sim, diremos que o Espiritismo com Jesus, pedindo às almas encarnadas para que se regenerem, buscando o conhecimento superior e servindo à caridade, é, de fato, o roteiro da Luz, mas que há tempo bastante para a redenção, que ninguém precisa incomodar-se, que as realizações edificantes não efetuadas numa existência podem ser atendidas em outras, que tudo deve permanecer agora como está no íntimo de cada criatura na carne para vermos como ficarão depois da morte, que a liberalidade do Senhor é incomensurável e que todos os serviços e reformas da consciência, marcados para hoje, podem ser transferidos para amanhã... Desse modo, tanto vale viverem no Espiritismo como fora dele, com fé ou sem fé, porque o salário de inutilidade será sempre o mesmo...

O rei das sombras sorriu, feliz, e concordou:

— Oh! até que enfim descobrimos a solução!...

De todos os lados ouviam-se risonhas exclamações:

— Bravo! Muito bem! Muito bem!

O argumento do astucioso condutor das falanges da inércia havia vencido.

Índice geral [18]

Aarão
    considerações sobre – 30, nota

Aborto
    fenômeno teratológico e – 11
    filho revoltado e – 11
    prática repetida do * confesso – 39

Alcebíades, general
    nomeação de Teofrasto
    como faroleiro e – 4

Alma
    impossibilidade de meditar
    nos problemas da – 6
    obra de evangelização da – 8

Al-Mandeb, Ibraim
    amor imenso aos semelhantes e – 34
    antigo servidor do deserto – 34
    conversa do Senhor com – 34

Anjo da libertação
    elevação das virtudes e – 9

Apóstolo do bem
    excursão pelas vizinhanças
    do lar divino e – 34
    Ibraim Al-Mandeb, servidor
    do deserto, e – 34
    Santuário resplendente
    do Cristo e – 34
    união nas esferas de princípios e – 34

Atraso moral
    Menés, ancião, e apólogo sobre – 15

Autoburilamento
    paciência consigo mesmo e – 17
    qualidades sublimes e – 17
    reajustamento da alma e – 17
    socorro de filósofo para
    conquista de – 17

Azor, Ibraim ben, o cameleiro
    instruções da Boa Nova e – 22

Boa Nova
    direito dos adeptos da – 2

---

[18] Remete ao número do capítulo.

ensino da * e felicidade na Terra – 6
Ibraim ben Azor e instruções da – 22
objetivo da – 6
salário do discípulo da – 2
salvação e – 30

Bondade
império da infinita – 6

Bouillon, Godofredo de
biografia de – 21, nota

Capa de santo
curso de obediência e – 1
heróis bem-aventurados e – 1

Caridade
casa dos Apóstolos em Jerusalém e – 38
Custódia, benfeitora, e exame da – 12
diferença entre deixar e – 27
empréstimo da Providência e * verdadeira – 27
frutos da prática da – 12
passaporte justo ao acesso ao paraíso – 27
Vicente de Paulo e exercício da – 13

Casamento
estação do egoísmo e ociosidade – 39

Centro Espírita
décimo aniversário da instalação de – 12
Martins e fundação de – 12
Pires e fundação de – 12
presença de Charles Richet no – 12, nota
presença de Gabriel Delanne no – 12, nota
presença de William Crookes no – 12, nota
Ribeiro e fundação de – 12

Cérbero
significado do termo – 23, nota

Ciciante
significado do termo – 18, nota

Cláudio
esposo de mulher em hospital da Espiritualidade – 39
pai de Paulo, alienado mental – *39*
suicídio espetacular e – 39

Conduta cristã
Azor, Ibraim ben, o cameleiro, e – 22
instruções da Boa Nova e – 22

Confúcio
biografia de – 34, nota

Consciência cósmica
manifestações da vida noutros planetas e – 31

Crítica
convocação à demonstração das virtudes e – 8

Crookes, William
biografia de – 12, nota

Cruzada de amor
Amália, médium, irmão Benedito e – 36
caridade para as crianças abandonadas e – 36
descendentes dos africanos na Terra e – 36
devotamento dos africanos desencarnados e – 36
heróis anônimos da humildade e – 36
lições do Evangelho e – 36
prisioneiros nos charcos do crime e – 36

Índice geral

Custódia, benfeitora espiritual
   exame da caridade e – 12
   materialização de * e prática
     da caridade – 12

D'Arsonval, cavaleiro cristão
   agradecimento de Jesus e – 21
   encontro de * com ulceroso
     mendigo – 21
   encontro divino e – 21
   falsa notícia da morte de – 21
   ferimento em combate e – 21
   reencontro de * com ulceroso
     mendigo – 21
   retorno ao lar e – 21

Datan, escriba
   Agiel, guarda do candeeiro, e – 30
   drama de Israel e – 30
   Efraim, o levita, e – 30
   Gad, fiscal de carnes impuras, e – 30
   Jafé, rabino, e – 30
   Jocanan, rabino, e – 30
   Manassés, explicador dos
     Salmos de Davi, e – 30
   Nasson, sacerdote, e – 30
   Nenrod, zelador do Santo
     dos Santos, e – 30

Delanne, Gabriel
   biografia de – 12, nota

Efeméride
   significado do termo – 12, nota

Efraim, filho de Jafar
   indicação de mulher adúltera
     à lapidação e – 14

Egoísmo
   isolamento das almas entre si e – 6

Encontro divino
   D'Arsonval, cavaleiro cristão, e – 21

Enferma desencantada
   desembaraço dos obstáculos e – 32
   disciplina e – 32
   estudo e aprimoramento da
     personalidade e – 32
   mediunidade e – 32
   trabalho na sementeira do bem e – 32

Enfermidade
   bendito aguilhão da * corporal – 6
   flagelo para a criatura – 6

Equóreo
   significado do termo – 4, nota

Espiritismo
   benefícios do – 40
   prejuízo do * aos planos
     infernais – 40
   solicitação do – 16

Espírito das Trevas
   Jesus e última tentação do – 26

Espiritualidade superior
   aferição dos valores da evolução
     terrestre e – 35

Evangelho
   aplicação da substância do *
     na vida prática – 35
   renúncia e devotamento
     dos discípulos e – 2

Fernandes, senhor
   departamento para a cura
     de obsidiados e – 20

Ferreira, irmão
   assistência aos enfermos e
     necessitados e – 20

Filipe
   meditação e problemas da alma e – 6

Índice geral

Fonseca, senhor
  fundação de orfanato modelar e – 20

Fragoso, Cirilo
  chegada de * às portas da
    esfera superior – 27
  testamento de – 27

Fraternidade
  objetivo da Boa Nova e – 6

Gênio do Bem
  prece de lavrador e – 10

Gênio do Mal
  influência do – 10

Genuflexório
  significado do termo – 19, nota

Homem
  Bom Senso e primeiro desatino do – 5
  centro do Universo e – 5
  condução à casa da Verdade e – 5
  crueldade com os bois e – 15
  cumprimento das leis da
    bondade e – 15
  desprezo às sugestões das
    virtudes e – 5
  origem da criação do
    sofrimento e – 6
  primeiro desatino do – 5
  visita da Humildade e – 5
  visita da Justiça e – 5
  visita da Morte e – 5
  visita da Ponderação e – 5

Hospital da Espiritualidade
  Irmão X e – 39
  mulher enferma e – 39

Humanidade
  sofrimento, renovação e
    progresso da – 9

Inveja
  incentivo à cobiça e – 6

Irmão X
  carta às mulheres e – 39
  excursões ao redor de outros
    mundos e – 31
  hospital da Espiritualidade e – 39
  mensagem dentro de cada
    túmulo e – 39

Jesus
  candidato ao novo Reino e – 2
  cura de todos os enfermos e – 6
  Datan, escriba, e – 30
  encontro de adornada
    mulher com – 18
  mulher adúltera e – 14
  pescadores rústicos e humildes e – 2
  pregação de * e afastamento
    dos feridentos – 6
  princípios libertatórios e – 30
  problemas da fé e – 30
  reencontro de * com mercadora
    de aromas – 18
  reminiscências de * no
    momento extremo – 26
  súplica de visão de * em oração – 19
  tentação do Espírito das Trevas e – 26
  Vicente de Paulo e * em pranto – 13

Juiz evangélico
  análise das preciosidades
    expostas e – 25
  existência de luz divina e – 25
  flores cultivadas nas sombras
    do inferno e – 25

Justiça de Cima
  herói anônimo da renúncia e – 3
  operários no tribunal da – 3

Justiça do mundo
  erro na máquina da – 35

homenagem a um insensível
   oficial de guerra e – 35
julgamento de um homem
   desvalido e – 35
nações terrestres depois de
   Jesus Cristo e – 35
progresso do Direito entre
   os homens e – 35

Lenda simbólica
   almas famintas de progresso
      e acrisolamento e – 37
   apelos à própria renovação e – 37
   viajor pedinte, valiosa pedra e – 37
   verdade de nossa vida e – 37

Levítico
   considerações sobre – 30, nota

Maldade
   esquecimento da – 6

Malvina, dona
   fundação de uma escola e – 20

Maomé
   biografia de – 34, nota

Martins
   complemento da obra de
      Custódia, benfeitora, e – 12
   fundação de núcleo doutrinário
      espírita e – 12

Maternidade
   compromisso da – 39
   doce missão da – 11
   fenômeno teratológico e – 11
   fuga da * nobre e digna – 39
   solicitação de prova reparadora e – 39

Mateus, João, espírita
   construção de um lar para
      crianças e – 7

desencarnação de – 7
pregador do Evangelho – 7
sonho e modificação do
   pensamento de – 7

Matilde, mãe mestiça
   Maria Augusta Correia da
      Silva, dona, e – 23
   Zico, nhô, e – 23

Médium
   faroleiro e * cristão – 4

Melásio, guia espiritual
   amargura de Benjamin Paixão e – 16

Menés, ancião
   apólogo sobre nosso atraso moral e – 15

Moisés
   considerações sobre – 30, nota

Morte
   escarnecer da vida e martírio
      além da – 39
   mãe infortunada, filho revoltado e – 11

Mulher adúltera
   Efraim, filho de Jafar, e – 14
   Jesus e – 14
   motivo da indicação da *
      à lapidação – 14
   Pedro e julgamento da – 14

Obsessão
   enigmas da * na Terra – 15
   problema educativo e enigmas da – 15

Oração
   conversão da * em luz acesa – 19
   elevação dos sentimentos pela – *10*
   Gênio do Bem e * do lavrador – 10
   mãe infortunada, filho revoltado
      e benefício da – 11

Índice geral

Paixão, Benjamin
  bodas de prata, Espiritismo
    Cristão e – 16
  companheiro dos Anjos e – 16
  oferta de sugestões de trabalho e – 16

Paraíso
  Anjo da libertação e descida do – 9
  ficha de João Mateus para
    ingresso no – 7

Patrimônio da vida
  domínio indébito sobre o – 6

Paulo
  alienação mental e – 39
  filho de Cláudio e mulher
    enferma – 39

Paulo, Vicente de
  agradecimentos dos adoradores
    do templo e – 13
  Jesus em pranto e – 13
  túnica da pobreza, exercício
    da caridade e – 13

Pedro, Simão
  caridade do silêncio e – 38
  encontro de * com Jesus – 38
  exclamações de amargura e – 38
  feridenta mulher e – 38
  interrogações de – 6
  Roboão e – 38
  solicitação de velho paralítico e – 38

Penates
  significado do termo – 31, nota

Pereira, Otávio
  Fernandes, senhor, e – 20
  Ferreira, irmão, e – 20
  Fonseca, senhor, e – 20
  Malvina, dona, e – 20
  materialização das ideias e – 20
  orientador evangélico – 20

Pires
  complemento da obra de
    Custódia, benfeitora, e – 12
  fundação de núcleo doutrinário
    espírita e – 12

Policarpo, benfeitor espiritual
  Isidoro Viana e conselhos de – 8

Prece ver Oração

Reino das borboletas
  esperança para as pequeninas
    lagartas e – 29
  metamorfose da lagarta
    mais velha e – 29
  pontos de contato entre o
    reino dos homens e – 29

Reino das sombras
  comandante das legiões da
    incredulidade e – 40
  condutor das falanges da
    desordem e – 40
  diretor das falanges da
    discórdia e – 40
  Espiritismo e – 40
  orientador das falanges da
    preguiça e – 40
  orientador das legiões da
    vaidade e – 40
  responsável pelas falanges
    da dúvida e – 40
  reunião no – 40
  sugestões para conjurar o perigo
    do Espiritismo e – 40

Ribeiro
  complemento da obra de
    Custódia, benfeitora, e – 12
  fundação de núcleo doutrinário
    espírita e – 12

Índice geral

Richet, Charles
 biografia de – 12, nota

Sábios extraterrestres
 expedições de * e estudo da Terra – 31
 suspensão das expedições de – 31

Silva, Maria Augusto
 Correia da, dona
  desencadernação de *,
   reencarnada – 23
  reencarnação de * no sul de
   Minas Gerais – 23
  retorno à fazenda e – 23
  Zico, nhô, filho de – 23

Silva, Noé
 alegria na doutrinação de
  Espíritos perturbados e – 24
 analfabeto da gentileza – 24
 aviso de um orientador
  desencarnado e – 24
 caráter do rígido mentor
  das sessões e – 24

Sofrimento
 finalidade do – 6
 origem da criação do – 6
 renovação e progresso da
  Humanidade – 9

Tanque de Betesda
 considerações sobre – 18, nota
 Jesus e a mercadora de
  aromas no – 18

Teofrasto, soldado
 Antifon, o lavrador, e – 4
 Corciro, o negociante, e – 4
 Crisóstomo, o fabricante
  de unguentos, e – 4
 Êubolo, o sapateiro, e – 4
 Eunice, a costureira, e – 4
 exoneração de – 4

 nomeação de * como faroleiro – 4

Terra
 análise de operários na – 3
 cemitério gelado e – 31
 centro de notável civilização e – 31
 desaparecimento da obsessão
  recíproca na – 15
 enigmas da obsessão na – 15
 ensino da Boa Nova e
  felicidade na – 6
 expedições de sábios extraterrestre
  e estudo da – 31
 formigueiro de criaturas
  primitivistas e – 31
 imenso deserto e – 31
 inquietações do primeiro
  homem na – 33
 aspecto líquido, solitário
  e inabitável e – 31

Terra da Promissão
 considerações sobre a – 30, nota

Torres, Gustavo, Espiritualista
 arte de ajudar e – 28
 brado de * com a velha criada – 28
 motorista de um caminhão
  e * possesso – 28

Trabalho
 estrada de luz que conduz
  ao paraíso – 33

Vampirismo
 luta entre encarnados e desencarnados
  e devoção ao – 15

Vaidade
 estímulo à loucura e – 6

Viana, Isidoro
 colaborador na caridade cristã e – 8
 conquista da harmonia e – 8

conselhos de Policarpo,
  benfeitor espiritual, e – 8
golpes da crítica e – 8
incompreensão e – 8
remédio objetivo e – 8

Vida espiritual
  análise de operários na – 3
  sonho de João Mateus
    às portas da – 7

CONTOS E APÓLOGOS				
EDIÇÃO	IMPRESSÃO	ANO	TIRAGEM	FORMATO
1	1	1958	10.000	12x18
2	1	1959	10.000	12x18
3	1	1974	10.200	13x18
4	1	1980	10.200	13x18
5	1	1986	10.200	13x18
6	1	1987	10.200	13x18
7	1	1991	10.000	13x18
8	1	1995	10.000	13x18
9	1	2000	3.000	13x18
10	1	2005	1.000	12,5x17,5
11	1	2006	1.500	12,5x17,5
12	1	2007	2.000	12,5x17,5
13	1	2008	3.000	14x21
13	2	2010	2.000	14x21
13	3	2011	2.000	14x21
14	1	2013	10.000	14x21
14	IPT*	2023	500	14x21
14	IPT	2024	410	14x21
14	IPT	2025	300	14x21

*Impressão Pequenas Tiragens

O EVANGELHO NO LAR

Quando o ensinamento do Mestre vibra entre quatro paredes de um templo doméstico, os pequeninos sacrifícios tecem a felicidade comum.[1]

Quando entendemos a importância do estudo do Evangelho de Jesus, como diretriz ao aprimoramento moral, compreendemos que o primeiro local para esse estudo e vivência de seus ensinos é o próprio lar.

É no reduto doméstico, assim como fazia Jesus, no lar que o acolhia, a casa de Pedro, que as primeiras lições do Evangelho devem ser lidas, sentidas e vivenciadas.

O espírita compreende que sua missão no mundo principia no reduto doméstico, em sua casa, por meio do estudo do Evangelho de Jesus no Lar.

Então, como fazer?

Converse com todos que residem com você sobre a importância desse estudo, para que, em família, possam compreender melhor os ensinamentos cristãos, a partir de um momento de união fraterna, que se desenvolverá de maneira harmônica e respeitosa. Explique que as reflexões conjuntas acerca do Evangelho permitirão manter o ambiente da casa espiritualmente saneado, por meio de sentimentos e pensamentos elevados, favorecendo a presença e a influência de Mensageiros do Bem; explique, também, que esse momento facilitará, em sua residência, a recepção do amparo espiritual, já que auxilia na manutenção de elevado padrão vibratório no ambiente e em cada um que ali vive.

Convide sua família, quem mora com você, para participar. Se mora sozinho, defina para você esse momento precioso de estudo e reflexões. Lembre-se de que, espiritualmente, sempre estamos acompanhados.

Escolha, na semana, um dia e horário em que todos possam estar presentes.

O tempo médio para a realização do Evangelho no Lar costuma ser de trinta minutos.

---

[1] XAVIER, Francisco Cândido. *Luz no lar*. Por Espíritos diversos. 12. ed. 7. imp. Brasília: FEB, 2018. Cap. 1.

As crianças são bem-vindas e, se houver visitantes em casa, eles também podem ser convidados a participar. Se não forem espíritas, apenas explique a eles a finalidade e importância daquele momento.

O seguinte roteiro pode ser utilizado como sugestão:

1. Preparação: leitura de mensagem breve, sem comentários;
2. Início: prece simples e espontânea;
3. Leitura: *O evangelho segundo o espiritismo* (um ou dois itens, por estudo, desde o prefácio);
4. Comentários: breves, com a participação dos presentes, evidenciando o ensino moral aplicado às situações do dia a dia;
5. Vibrações: pela fraternidade, paz e pelo equilíbrio entre os povos; pelos governantes; pela vivência do Evangelho de Jesus em todos os lares; pelo próprio lar...
6. Pedidos: por amigos, parentes, pessoas que estão necessitando de ajuda...
7. Encerramento: prece simples, sincera, agradecendo a Deus, a Jesus, aos amigos espirituais.

As seguintes obras podem ser utilizadas nesse momento tão especial:

- *O evangelho segundo o espiritismo*, como obra básica;
- *Caminho, verdade e vida*; *Pão nosso*; *Vinha de luz*; *Fonte viva*; *Agenda cristã*.

Esse momento no lar não se trata de reunião mediúnica e, portanto, qualquer ideia advinda pela via da intuição deve permanecer como comentário geral, a ser dito de maneira simples, no momento oportuno.

No estudo do Evangelho de Jesus no Lar, a fé e a perseverança são diretrizes ao aprimoramento moral de todos os envolvidos.

FEB editora
Livro espírita para um novo mundo
www.febeditora.com.br
@febeditoraoficial
@febeditora

Conselho Editorial:
Carlos Roberto Campetti
Cirne Ferreira de Araújo
Evandro Noleto Bezerra
Geraldo Campetti Sobrinho – Coord. Editorial
Jorge Godinho Barreto Nery – Presidente
Maria de Lourdes Pereira de Oliveira
Miriam Lúcia Herrera Masotti Dusi

Produção Editorial:
Elizabete de Jesus Moreira

Revisão:
Denise Giusti
Lígia Dib Carneiro

Capa e projeto gráfico:
Ingrid Saori Furuta

Diagramação:
Eward Siqueira Bonasser Junior

Foto de Capa:
James Group Studios | istockphoto.com

Normalização Técnica:
Biblioteca de Obras Raras e Documentos Patrimoniais do Livro

Esta edição foi impressa no sistema de Impressão pequenas tiragens, em formato fechado de 140x210 mm e com mancha de 104x168 mm. Os papéis utilizados foram o Off white 80g/m² para o miolo e o Cartão 250g/m² para a capa. O texto principal foi composto em fonte Adobe Garamond Pro 12/14,4 e os títulos em Adobe Garamond Pro 28/26. Impresso no Brasil. *Presita en Brazilo.*